Ne jamais rien lâcher

Marinette Pichon

Ne jamais rien lâcher

Avec la collaboration de Fabien Lévêque

Préface de Brigitte Henriques

Présidente du Comité national olympique et sportif français et ancienne vice-présidente de la Fédération française de football

FIRST
ÉDITIONS

À mes deux fils, Maxim et Gaël,

à ma femme Ingrid.

#lisez! engagé
www.lisez.com
Pour plus d'information :
Imprimé sur du papier issu de forêts gérées durablement.

92, avenue de France
75013 Paris
Tél. : 01 44 16 09 00
Fax : 01 44 16 09 01
Courriel : firstinfo@efirst.com
Internet : www.editionsfirst.fr et Lisez.com

ISBN : 978-2-412-08918-7
Dépôt légal : mai 2023
Imprimé en France par Normandie Roto Impression s.a.s. (2301367)

Maquette intérieure : KN Conception
Correction : Nathalie Reyss et Céline Dutt

« Si tu abandonnes une fois, cela peut devenir une habitude.
N'abandonne jamais. »

Michael Jordan

Avant-propos

Cinq ans déjà, et un tourbillon d'événements dans ma vie depuis la sortie du livre en 2018. Je vis désormais loin de la France. De l'autre côté de l'Atlantique, au Canada. Une volonté de fuir une vie trop rythmée et de casser mon quotidien. J'étais partout, sauf chez moi. Mon emploi au département de l'Essonne, mon rôle de consultante à France Télévisions, mon académie de football : j'ai décidé de tout lâcher et de redéfinir mes priorités. En l'occurrence, la plus essentielle à mes yeux : être plus présente pour les personnes qui comptent le plus pour moi. Ma femme Ingrid et mon dernier fils Gaël, cet enfant que je désirais tant et que je ne voyais pas grandir.

Il fallait donc partir sur de nouvelles bases, pour démarrer une nouvelle vie. Plus équilibrée, pour mieux nous retrouver. Le déclic ? Ce fut cette question d'Ingrid un samedi d'hiver : « Dis-moi, t'aimerais faire quoi aujourd'hui ? » Ma réponse a été immédiate : « Je veux repartir, loin de la France. » Dans ma tête, le souvenir de mon expérience américaine à Philadelphie. Mais cette fois, je voulais vivre l'aventure en famille. Et après de longues discussions, le choix s'est arrêté sur le Canada. Direction le Québec, pour un saut dans l'inconnu.

Mars 2019, nous voilà tous les trois à bord d'un vol Air Transat pour Montréal. Après avoir démissionné en France, j'ai eu la surprise de recevoir un appel de l'Association Régionale du Lac Saint-Louis. J'y avais candidaté spontanément pour un poste de coach. Quelle ne fut pas leur stupéfaction de voir mon CV atterrir dans leur boîte mail ! « Vous êtes bien Marinette Pichon, la buteuse de l'équipe de France de football ? » Oui, c'était bien moi. Et j'étais surtout excitée à l'idée de leur apporter toute mon expérience et mon vécu d'ancienne joueuse internationale.

Alors, oui, il a fallu tout laisser derrière nous en France. Alors, oui, il a fallu au début affronter les températures parfois polaires du Québec, mais aucun regret aujourd'hui. Il n'a jamais été question de faire machine arrière. Même lorsque la pandémie nous a éloignés de nos familles. À présent, nous sommes désormais totalement acclimatés et intégrés à la vie canadienne et aux Canadiens. Comment ne pas apprécier leur gentillesse, leur multiculturalisme, leur ouverture d'esprit, leur tolérance ? Même leur accent est une source de bonheur. Tout comme se réveiller tous les matins avec une vue imprenable sur le fleuve Saint-Laurent. Nous voilà tous les trois épanouis dans cette nouvelle vie, où notre fils Gaël grandit dans un environnement et un système éducatif qui lui conviennent parfaitement. Ici, tout est mis en œuvre pour favoriser la réussite des jeunes. Voilà pourquoi je suis fière d'avoir embarqué ma famille dans cette nouvelle aventure. Tout comme je suis fière aujourd'hui de voir ma vie apparaître sur grand écran avec le film *Marinette*. Un biopic retraçant mon parcours, fidèle à mes valeurs et au titre de ce livre : *Ne jamais rien lâcher*.

Préface

22 mars 1994, avec l'équipe de France nous jouons, comme c'est rarement le cas, en lever de rideau d'un match France-Chili de nos homologues masculins au stade Gerland, à Lyon. Dès la deuxième mi-temps, le stade est plein. Nous affrontons la Belgique que nous battons 3 buts à 0. Ce match, je ne l'ai pas oublié, bien sûr parce que jouer dans un stade plein est une sensation énorme que l'on connaît peu à l'époque, aussi parce que nous gagnons mais surtout parce que l'on vient de découvrir une joueuse, une perle rare, qui plus est une attaquante, qui n'a rien d'ordinaire et dont le talent en dit vite très long. Aimé Mignot, notre coach, ne s'est pas trompé.

Je me rappelle parfaitement ce moment dans les moindres détails, je suis alors moi aussi attaquante de l'équipe de France. Nous descendons du bus et marchons pour rejoindre les vestiaires de Gerland. Marinette que je ne connais que depuis quelques jours me raconte que c'est incroyable pour elle de se retrouver là, elle n'y croit pas, elle a les yeux qui pétillent, remplis d'étoiles, on lit l'émerveillement dans chacun de ses regards, de ses sourires.

Elle est fascinée par ce qui se passe, impressionnée de se retrouver parmi les grandes, Sandrine Roux, Corinne Diacre… de porter le maillot bleu, de chanter *La Marseillaise*, et de jouer dans ce stade.

Marinette n'en croit pas ses yeux, c'est un temps fort d'une belle histoire, de sa belle histoire.

Les matchs suivants, elle marque vite les esprits par tous les buts qu'elle inscrit, par ses gestes techniques d'une fluidité incroyable, sa rapidité d'exécution, ses enchaînements mais surtout son sens extraordinaire du but.

Sur le terrain, Marinette est une pile, elle est explosive et ne tient pas en place. En avril 1995, nous affrontons les États-Unis deux fois chez elles à 24 heures d'intervalle. Ce sont déjà des professionnelles et même si nous ne perdons le premier match que 2 à 0, le second est terrible, la différence physique est colossale, et pourtant Marinette marque un but d'anthologie avec un retourné acrobatique aux 16,50 mètres entre deux défenseures centrales bien plus grandes qu'elles. La gardienne était un peu avancée. Marinette sauve l'honneur, on ne perdra que 6 à 1 !

Son talent n'échappe à personne. Marinette continue de marquer, toujours marquer durant plusieurs années. Marinette est la première à être sollicitée pour tenter l'aventure professionnelle américaine où elle excelle et elle est élue, dès la première année, meilleure joueuse du Championnat et meilleure buteuse.

Dans les années 1990, réussir en France est un fait, mais nous étions alors toutes amateures et devions nous entraîner après nos journées de travail. Réussir aux États-Unis avec les grandes stars de l'époque est juste un pari énorme.

La Marinette talentueuse, timide et réservée, devient la star du ballon rond français, alors qu'à cette époque nous n'intéressons pas grand monde, elle en est la meilleure ambassadrice. Tout le monde connaît une joueuse de football française, Marinette Pichon.

Une ambassadrice reconnue pour son talent de buteuse, pour la qualité de son jeu et une fois encore son sens du but ! Pas pour autre chose !

En 2011, Marinette a déjà raccroché les crampons. Nous sommes élus à la Fédération française de football avec Noël Le Graët et, pour la première fois de son histoire, notre équipe de France, dirigée par Bruno Bini, brille comme jamais en Allemagne à la Coupe du monde de la FIFA et atteint les demi-finales de la compétition.

Les stades sont pleins, l'ambiance est fabuleuse, la qualité du jeu de la compétition déclenche une vague médiatique sans précédent. À leur retour en France, dès leur premier match à Lens, les Bleues sont acclamées par le public dans un stade Bollaert de 22 000 personnes et signent le début d'une grande popularité.

Aussitôt, notre président décide de lancer un appel d'offres aux diffuseurs TV pour la D1 féminine, notre compétition majeure. France Télévisions et Eurosport remportent la mise et Fabien Lévêque annonce dès le lancement de la D1 le choix de Marinette aux commentaires à ses côtés.

Marinette a une renommée, une carrière remarquable derrière elle, de là à l'imaginer consultante sur France TV, c'est incroyable.

Parce que si Marinette est tout feu tout flamme, virevoltante sur le terrain, remplie d'une énergie incroyable, en dehors elle est plutôt réservée, pas archi timide mais pas leader non plus et le rôle de consultante demande d'être à l'aise avec la prise de parole en public.

Pourtant, elle fera taire les sceptiques très rapidement, parce que son énergie, son enthousiasme, sa passion, on les retrouve dans sa voix, dans ses intonations, dans ses émotions qu'elle partage volontiers.

Sur le terrain, comme à l'antenne et dans la vie, Marinette ne triche pas, elle est authentique, elle se livre telle qu'elle est, avec son histoire, avec ses valeurs.

À Londres aux Jeux olympiques de 2012, où l'équipe de France participe pour la première fois de son histoire, je recroise Marinette au Club France. Elle y rayonne parmi les autres athlètes de toutes les disciplines reconverties ou pas dans les médias, Yannick Souvré, Marie-Jo Pérec, Frédérique Jossinet et d'autres encore. À ce moment-là, je n'imaginais pas à quel point Marinette était reconnue. Tout le monde la connaissait, la respectait.

Pouvoir vivre les Jeux de l'intérieur de la sorte alors qu'on en a rêvé toute notre carrière est une chance énorme, Marinette consultante, moi chef de délégation de notre équipe de France. On n'en parle pas ensemble mais je sais que notre bonheur est immense d'être là et ce sera le cas à chaque moment clé de l'évolution spectaculaire de notre discipline : les 100 000 licenciées en janvier 2016 (*vs* 50 000 en 2011), les titres de Championnes d'Europe ou du monde des équipes de France jeunes, la victoire de la candidature de la Coupe du monde 2019 en France, des stades remplis, des millions de téléspectateurs lors des matchs des Bleues.

Être actrice au cœur de cette évolution dans les missions qui sont les nôtres contribue à nous croiser de plus en plus souvent, dans les stades, sur les plateaux TV, etc. mais aussi lors de notre rassemblement annuel des anciennes internationales organisé par la FFF, un moment fort où l'on rejoue toutes ensemble et où l'on essaie d'inviter chacune à s'engager au sein des clubs, de promouvoir notre discipline et devenir à nouveau actrice. C'est aussi un moment familial et convivial. À cette occasion, je découvre Gaël son fils et Ingrid, son épouse, la petite famille de Marinette comme elle dit, Maxim son autre fils est occupé ce week-end-là.

Là encore, je suis stupéfaite de son évolution, Marinette est bien dans ses baskets comme jamais je ne l'avais vue auparavant. On a beau avoir passé des heures et des heures sur le terrain, durant les entraînements, les matchs, partager du temps lors de nos voyages innombrables, se connaît-on vraiment ? On est là pour gagner sa place sur le terrain, on est là pour s'entraîner et gagner. Évidemment, on partage aussi des sacrés moments de vie, de rires, de sourires, de défaites, de victoires, mais finalement chacun, chacune ne partage pas forcément sa vie privée.

Je ne connaissais pas cette part de la vie de Marinette à ce moment-là et je suis réellement scotchée. C'est comme si depuis le moment où

Marinette jouait dans les années 1995 et 96, toutes les protections étaient tombées, plus de carapace, plus de réserves, Marinette affiche une liberté d'être incroyable. Son bonheur en dit long, et transpire tellement au sein de sa petite famille, que j'aurais plaisir à la retrouver à chaque occasion. Ingrid est une leçon de vie à elle toute seule, et Gaël, p'tit gars joyeux, très attachant. Elle devient par là même à mes yeux un symbole de la liberté dans toute son expression. Marinette est épanouie comme jamais.

Avec le développement de notre discipline, je rencontre Marinette de plus en plus souvent et un jour elle me sollicite pour un déjeuner pour me parler de ses projets et voir si je peux lui apporter quelques conseils. Ce déjeuner ne sera pas anodin, ne sera pas seulement un déjeuner d'échanges professionnels parce que Marinette me confiera les parts sombres de son histoire personnelle.

Ces bouts de vie durant lesquels on survit plus qu'on ne vit. Je suis abasourdie par ce que Marinette me raconte, par les événements bien sûr, mais surtout par le fait que personne ne savait ce qu'elle endurait durant cette période où nous portions le maillot bleu ensemble.

Avec tout ça, il est certain qu'à l'époque Marinette ne pouvait pas transpirer l'insouciance qu'aurait voulue son âge, je comprends mieux combien les matchs, et le jeu étaient pour elle un exécutoire.

Je suis profondément touchée par son témoignage, bouleversée même. Tout ce qu'elle a vécu, le contexte dans lequel elle a grandi est insupportable, on devine les cicatrices laissées de cette période houleuse, mais aussi tout le courage qui a été le sien de toujours protéger sa mère des violences de son père alors qu'elle était adolescente.

On comprend alors en partie, où Marinette a pu puiser cette force de ne jamais rien lâcher, cette rage de toujours marquer, cette détermination à réussir.

Marinette n'est pas devenue un nom du football français par hasard, elle est devenue une icône incontournable par son travail, par son talent, mais aussi par sa capacité de résilience qui a lui permis de transformer ses blessures du passé en une force de vie incroyable.

Je suis très honorée à chaque fois de pouvoir dire que j'ai joué aux côtés de Marinette, de dire à quel point c'est une belle personne qui doit en inspirer bien d'autres.

Quand je regarde le chemin qu'elle a parcouru depuis notre première rencontre en 1994, j'ai un respect profond pour ce qu'elle a réussi mais surtout pour ce qu'elle est et la personne qu'elle est devenue.

Brigitte Henriques

Que serais-je devenue sans le football ? Quelle personne serais-je aujourd'hui ? Cette question, je me la pose en permanence. Le football, c'est toute ma vie. Ce sont des émotions, des rencontres, des découvertes, des échecs, des larmes, des traces indélébiles. Des sensations uniques également. Qu'on ne peut retrouver nulle part ailleurs. C'est ce qui me manque le plus aujourd'hui. L'odeur du vestiaire, l'appel de la compétition, l'adrénaline. Parfois, j'aimerais rechausser les crampons. Encore plus lorsque je suis derrière le micro de France Télévisions. Je vis le match à 2000 %, comme si j'étais encore sur le rectangle vert. Et le ressenti est décuplé quand je suis amenée à commenter les performances de l'équipe de France. Quand tu as porté le maillot bleu, quand tu connais les sensations que cela peut procurer, tu vis les choses différemment. Un mélange d'excitation et d'appréhension. Comme si j'étais à leur place. Avec la pression inhérente à l'événement : est-ce qu'elles vont faire un bon match ? Est-ce qu'elles vont être à la hauteur ? Je ne m'attendais pas à vivre ce rôle de consultante aussi intensément. Parfois, à la fin du match, je suis rincée ! Un exemple, à l'Euro en 2017. Dernier match de poule face à la Suisse, les Bleues sont sur le point d'être éliminées au premier tour, jusqu'au coup franc salvateur de Camille Abily en fin de match. J'étais tétanisée toute la deuxième mi-temps, tendue. J'avais les jambes en coton jusqu'à l'égalisation française. Au coup de sifflet final, j'étais vidée nerveusement. Je ne pensais pas vivre un tel ascenseur émotionnel. J'avais l'impression de faire partie du staff de l'équipe de France !

Le football féminin tricolore n'a jamais été aussi fort et pourtant, j'aimerais pouvoir leur dire : « Les filles, prenez vos responsabilités. Assumez votre nouveau statut. Montrez de quoi vous êtes capables. Vous avez toutes les qualités pour gagner. Lâchez-vous ! » Quand je vois le potentiel de cette équipe : Wendie Renard, Griedge M'Bock, Amandine Henry… Je pourrais toutes les citer ! Elles ont un an pour se forger un mental de guerrières pour gagner la Coupe du monde en 2019. Pourquoi ne pas faire comme les hommes en 1998 ? Il faut qu'elles y croient, qu'elles se conditionnent pour aller au bout. Pour gagner. Il va falloir oublier les échecs, évacuer la frustration accumulée ces dernières années. Je sais ce que ressentent les filles, je sais que les attentes sont énormes, je sais que la pression est importante.

Toutes ces déceptions, ces désillusions doivent les rendre plus fortes demain. Moi-même, je n'ai jamais eu la chance de franchir un quart en Championnat d'Europe, je n'ai jamais eu la chance de jouer une demi-finale de Coupe du monde, je n'ai jamais eu la chance de participer à des Jeux olympiques. Alors, rien que pour ça, j'aurais aimé jouer dans cette équipe de France, je me serais régalée. Cette génération a tout pour réussir. Il y a une qualité technique exceptionnelle. Je n'aurais même pas eu besoin de bouger pour marquer. J'aimerais être à leur place pour vivre ça et pouvoir dire : regardez tout le chemin parcouru ! Les moyens ne sont plus les mêmes. À mon époque, nous étions défrayées 150 francs pour aller jouer en équipe de France. Même pas 25 euros. Mais moi, j'aurais payé pour porter ce maillot bleu blanc rouge ! J'avais à chaque fois des étoiles plein les yeux. J'ai vécu des choses inoubliables en sélection : des voyages, des rencontres, des victoires, des rires, des larmes, des défaites. Je revois encore quelques buts dans ma tête, je me surprends même parfois à ressentir ces émotions si singulières. J'ai encore la chair de poule à chaque fois que retentit *La Marseillaise*.

J'ai envie de vibrer avec elles, de passer par toutes les émotions, et de revivre la ferveur de 1998. Je me rappelle ce fameux 12 juillet. Ce 3-0 mémorable face au Brésil. Ces deux buts de Zidane. J'étais allée fêter cette victoire historique dans les rues de Saint-Memmie jusqu'à l'aube. Ces garçons nous avaient donné tant de bonheur que l'on avait célébré ça comme un mariage. C'est comme si c'était moi qui avais mis le troisième but d'Emmanuel Petit, c'est comme si c'était moi qui avais mis les deux têtes de Zizou. C'était fabuleux ! J'ai envie que nos Bleues connaissent ce bonheur-là.

Elles sont nos ambassadrices aujourd'hui. Sans elles, sans leurs résultats, demain le football féminin peut à nouveau redescendre. Je repense à cette phrase de Camille Abily après le coup de sifflet final de France-Angleterre. Les Bleues venaient d'être éliminées en quart de finale de l'Euro 2017. Alors qu'elle annonçait la fin de son aventure en bleu, elle termina en disant : « Surtout, ne nous lâchez pas ! » J'avais trouvé ça très fort, j'avais les larmes aux yeux parce qu'à ce moment-là, elle se rendait compte de l'impact de cette élimination, et de toutes les conséquences que cela pouvait avoir sur le développement du football féminin. Comme si les femmes devaient toujours faire leurs preuves, en permanence.

Le football féminin est pourtant en plein boom. En l'espace de six ans, le nombre de licenciées a explosé. De 40 000 à 130 000 licenciées, c'est une progression fulgurante. Je suis convaincue qu'à un moment donné tous les efforts de la Fédération finiront par payer. Le football féminin a réellement franchi un cap. Il suffit de voir la dernière couverture de l'Euro en 2017. France Télévisions a diffusé l'intégralité de la compétition. Les Bleues en direct et en *prime time* sur France 2 et France 3. Du jamais vu. Les filles ont de la chance de jouer au football aujourd'hui. Les mentalités ont changé, les structures sont plus adaptées, les moyens plus importants. Elles n'ont plus d'excuses parce qu'on les met dans les meilleures dispositions pour être performantes. On a la chance d'avoir des présidents de club et de fédération qui se donnent les moyens de monter des équipes compétitives, qui ont une vraie vision, un vrai projet. C'est ce qui se passe avec Jean-Michel Aulas. Ce qu'il fait avec l'Olympique Lyonnais est exceptionnel. Ce qu'avait fait Loulou Nicollin avec Montpellier au milieu des années 2000 l'était tout autant, c'était lui le pionnier. D'autres vont suivre, j'en suis sûre. Pour que l'on ait un championnat plus attractif, plus cohérent, plus homogène et non plus à deux vitesses. Il y a aujourd'hui un monde entre les Lyonnaises, toutes professionnelles, et les filles de Rodez, Soyaux, ou encore Albi toutes amateures, contraintes de travailler ou d'étudier avant d'aller s'entraîner en soirée. Il faudra parvenir à homogénéiser notre Championnat pour ne plus avoir cet écart entre les quatre premières équipes du Championnat et les autres. Cela serait bénéfique pour notre équipe de France. Je l'ai constaté lors des grands rendez-vous : le manque de concurrence au sein de la D1 féminine a un impact négatif sur nos joueuses quand elles arrivent au plus haut niveau international.

Pour grandir encore, il faudra débloquer encore plus de fonds, car les filles ne pourront pas être performantes sans avoir un statut d'athlètes professionnelles de haut niveau, sans pouvoir se consacrer exclusivement au football. Mais il faudra que cet argent soit injecté de façon raisonnable, mesurée. Cet essor doit être maîtrisé. Parce que trop d'argent risque de polluer les têtes, de changer les mentalités. Il faut préserver nos valeurs, ce côté rafraîchissant du football féminin. Aujourd'hui, les filles sont accessibles, elles vont naturellement échanger avec les supporters, faire des photos. Tâchons de garder cette proximité, cette humilité.

Je suis heureuse de l'évolution de mon sport. Heureuse de voir ceux qui ont cru en nous récompensés aujourd'hui. J'ai vu les mentalités changer, et j'ai vu aussi le peu de crédit que l'on nous accordait auparavant. L'époque où personne ne s'intéressait à nos performances. L'époque où il a fallu se battre pour être respectées, reconnues. Désormais, des petites filles qui jouent au ballon s'identifient à Eugénie Le Sommer, Amandine Henry, Grace Geyoro... Je trouve ça fabuleux qu'elles puissent être des sources d'inspiration, des modèles. Comme moi j'ai pu être, à ma façon, une pionnière.

Le sport est fédérateur, vecteur de rassemblement, de partage. Dans les bons et les mauvais moments. Il nous permet de trouver des ressources insoupçonnées. Il peut changer des vies aussi. J'en incarne la preuve. Le football m'a permis de me forger une carapace. Je me suis construit une identité, une personnalité sur les terrains. Avec des forces, des faiblesses. Grâce au ballon rond, je me suis endurcie. Mais, au fond, je suis quelqu'un de profondément fragile, sensible.

En réalité, le sport m'a appris à gérer mes émotions. Parce qu'en l'espace d'un match de 90 minutes, tous les sentiments se mélangent. La joie, l'euphorie, le doute, la frustration, la colère parfois. En fonction du scénario, de l'adversité, de l'évolution du score. Un match ne se déroule pas toujours comme tu veux. L'émotion positive que tu as entretenue pendant toute la semaine peut se transformer très vite en émotion négative en cas de contre-performances. Et là, justement, il faut savoir s'appuyer sur les échecs, en tirer les bons enseignements. Grâce au football, j'ai appris à ne jamais rien lâcher. Il m'a aidée à surmonter les difficultés que j'ai rencontrées tout au long de ma vie. Il m'a aidée à grandir, à m'affirmer parce que j'avais trouvé quelque chose où je me sentais bien, où je me sentais importante. C'est l'histoire de ma vie.

Chapitre 1

Toute première fois

C'était un mercredi. En 1980. À Brienne-le-Château, dans l'Aube. Là où j'ai grandi, là où le ballon rond est entré dans ma vie. J'avais cinq ans, mais le souvenir reste gravé à jamais. Ce jour-là, nous nous baladions en ville avec ma mère et soudain j'ai entendu plein d'enfants crier, s'encourager. Intriguée, j'ai tiré la main de ma maman, et nous avons franchi les portes du Stade Briennois. Et là, ce fut tout de suite une révélation. Devant moi, des dizaines de gamins qui jouaient, qui échangeaient, qui s'encourageaient, qui se tapaient des fous rires. Tout simplement heureux d'être ensemble. Je les regardais, j'avais les yeux écarquillés et je n'avais déjà qu'une envie : aller jouer avec eux.

Tout d'un coup, l'un des éducateurs du club, Patrick Kwazek, m'interpelle :

« Ça te dirait de venir avec nous ?

– Non, malheureusement, je ne peux pas.

– Mais pourquoi ?

– Parce que je suis une fille ! »

Il éclate alors de rire et me dit : « Allez, tiens, prends une chasuble, et viens avec nous. »

Au départ, évidemment, tous les garçons étaient un peu interloqués mais son discours a été d'une grande intelligence, d'une grande humanité : « Oui, c'est une petite fille qui a envie de jouer au foot, et alors ? Elle a envie de faire un essai. Alors, aujourd'hui, vous allez l'accueillir de la meilleure des manières. Et l'essentiel, c'est de prendre du plaisir ensemble. Vous n'êtes pas là pour gagner mais pour partager, vous amuser ». Le message était passé et personne ne m'a regardée de haut. Tout s'est fait naturellement et dès que j'ai commencé, c'est comme si j'avais joué depuis toujours. Le ballon me collait déjà au pied.

Au bord du terrain, ma mère observait la scène. Sa fille, seule, au milieu d'une quarantaine de garçons. Mais j'étais dans mon élément. Ce fut un vrai déclic. Je voulais jouer au football et rien d'autre. Tous les soirs qui ont suivi, je lui répétais inlassablement : « Maman, c'est ce que je veux faire. Je veux jouer au foot. » Une semaine après, j'avais ma première licence.

Ensuite, tous les mercredis, je voulais revenir et j'étais même tellement excitée que j'avais du mal à manger avant d'aller m'entraîner. Il fallait que je parte très tôt de la maison, à tel point que je passais parfois une heure à attendre les copains dans les tribunes. Pourtant, le stade n'était qu'à 600 mètres, au bout de la ligne droite après le collège, en face du foyer rural et des HLM. J'arrivais la première. Tout le temps. Avec toujours la même excitation. J'attendais, j'attendais… et ma mère était parfois là avec moi, et faisait preuve de patience.

J'étais hyper assidue, je ne manquais aucun entraînement, aucun plateau, aucun match, et mon sac était toujours prêt. Je me rappellerai toujours mes premières chaussures : des Patrick. Noires et vertes. J'avais six ans. À l'époque, c'était la marque de référence, c'était celle des chaussures de Michel Platini. Celle que je voulais absolument. L'un des plus beaux cadeaux que j'ai reçus de ma mère. J'étais tellement heureuse, j'ai bondi dans tous les coins de la pièce. Je ne voulais pas les lâcher. Le premier soir, j'ai même dormi avec ! Je ne voulais surtout pas les abîmer, les salir. À tel point que j'avais tiré la couette pour les laisser dépasser au bout du lit. Ma première nuit en Patrick. Ces chaussures, je les ai usées jusqu'au bout, jusqu'à ce qu'elles craquent. Elles ont fini éventrées sur le côté gauche. C'était comme si je commençais une histoire d'amour avec le football, comme si je m'identifiais, à l'âge de 5 ans, à Michel Platini. Une légende, un modèle.

Cette première paire, cela représentait beaucoup de choses pour moi. Mes parents n'avaient pas beaucoup de moyens. Payer une licence, acheter une tenue complète short-maillot-chaussettes, cela représentait un petit budget et ils ont fait beaucoup de sacrifices. Ma mère était aide-ménagère à domicile chez des personnes âgées. Elle effectuait des amplitudes horaires de dingue : départ de la maison à 7 heures et retour à 22 heures. Elle avait une vie professionnelle très contraignante, difficile. Mais c'était son quotidien. C'est pour cela que j'ai toujours pris soin de mes affaires. Mes chaussures, je les ai toujours lavées, et je crois que j'ai toujours eu conscience de la valeur des choses.

Des ballons, j'en ai usés aussi. J'aurais pu jouer huit heures par jour. Je ne pensais qu'à ça. Je me levais foot, je mangeais foot, je dormais foot. Et quand ma mère me donnait l'autorisation de regarder la télé, je ne ratais aucun match. J'étais à fond derrière l'équipe de France. J'adorais les observer. Je trouvais qu'ils étaient tellement forts, tellement élégants ! Je ne cherchais pas à m'identifier à un joueur en particulier mais j'étais attentive à leurs gestes, leurs attitudes. Pour renforcer mon jeu, développer mes qualités et devenir encore plus forte. Je voulais progresser et très vite, je suis devenue un petit phénomène à Brienne-le-Château. Au centre de toutes les attentions et chouchoutée. Dès que j'arrivais les mercredis et les samedis, il y avait toujours un geste affectueux, une attention. Le club, c'était en réalité ma deuxième famille. Et comme j'étais la seule fille, j'avais un privilège : mon propre vestiaire. C'était celui des arbitres en l'occurrence. Il porte désormais mon nom, je l'ai inauguré en 2003. À l'époque, il n'était pas bien grand, mais suffisamment confortable pour que je puisse avoir mon « intimité ». J'étais dans ma bulle. Personne ne rentrait sans frapper à la porte et j'ai toujours été respectée. Il faut dire que j'étais devenue la petite mascotte du club. Puis la curiosité a laissé place à l'étonnement. Les interrogations se sont vite dissipées et j'entendais souvent : « Dis donc, elle se débrouille bien la gamine, elle a une sacrée frappe de balle ! » Avant les matchs, les adversaires chuchotaient dans le couloir des vestiaires. Au début, c'était plutôt : « Mais qu'est-ce qu'elle fait là ? Il y a une fille dans l'équipe d'en face ? » Puis, au fil des années c'est devenu : « Tu as vu, c'est la fille de Brienne, faut faire attention, elle joue vraiment bien ! » Il faut dire que je marquais déjà pas mal de buts. Et quand je rentrais le soir, il fallait que je raconte tous mes exploits à ma mère. J'étais un moulin à paroles ! Même lorsqu'on était à table. Je voulais partager tout ça avec elle. On a toujours été très proches, c'était mon repère. Ma mère a toujours été très fière. En revanche, elle s'inquiétait parce qu'à l'école, ce n'était pas trop ça. Je n'étais pas une enfant facile, j'avais besoin de me dépenser en permanence, et en classe j'avais du mal à rester concentrée. Je ne pensais qu'au foot. Dès la maternelle, à chaque récréation, je sortais avec le ballon sous le bras. En primaire, pareil. Dès que la cloche sonnait, je sortais en courant pour aller jouer. En guise de but : deux gros arbres au milieu de la cour de l'école. Le ballon, partout, tout le temps, et à toute heure. Après les cours, dès que je rentrais à la maison, j'allais jongler dans le garage. Je m'entraînais seule, à frapper le ballon contre le mur. Je tapais pied gauche, pied droit, pied gauche, pied droit. Je pouvais y passer des heures.

En réalité, je crois que je suis née pour devenir footballeuse. Je ne dis pas pour autant que j'étais une surdouée, mais incontestablement j'avais des facilités dans le dribble, dans la conduite de balle, et je savais constamment où me placer sur le rectangle vert. Et au milieu des garçons, j'ai très vite développé une âme de leader. J'avoue même que je leur menais parfois la vie dure. Je ne leur laissais pas trop le ballon et surtout je ne refusais jamais d'aller au duel. Je me souviens de quelques contacts bien virils. J'y allais franco, sans retenue, cela a toujours été ma marque de fabrique ! Des coups, j'en ai pris. Dans le style : je vais te montrer que c'est moi le bonhomme. Certains voulaient marquer leur territoire. Alors oui, il y avait parfois des jours plus durs que d'autres. Il m'est arrivé de rentrer chez moi en pleurant après avoir encaissé des coups pendant tout le match, et des réflexions du genre : « Tu ferais mieux de rester chez toi, tu n'as rien à faire sur un terrain ». Avec le recul, en analysant les choses, il y avait chez eux la peur de se faire juger par les copains. La peur d'être dribblé par une fille, la peur d'être humilié. Alors, pour éviter ça, on devient agressif, physiquement et verbalement.

Sauf que je ne me suis jamais laissée marcher sur les pieds. Quand il fallait mettre des petits coups de coude dans la surface de réparation pour aller gagner un ballon dans les airs, j'y allais. Sans crainte. Cela me motivait encore plus en réalité. J'essayais de canaliser ma colère pour la faire rejaillir sur le terrain. J'étais en mode : « Allez-y, cherchez-moi, je serai encore meilleure ! »

Très vite, mes coéquipiers ont perçu que j'étais une force pour l'équipe. Parfois même, ils appelaient ma mère pour savoir si je serais là pour le match du week-end. J'étais la seule fille du groupe mais j'étais considérée comme un mec. D'ailleurs, on m'appelait le garçon manqué. J'avais des comportements, des attitudes, des réflexions de garçon. Je parlais comme eux, je m'habillais comme eux. Je préférais nettement le jogging à la jupe. Et hors de question alors de porter des nu-pieds. Sinon, j'avais l'impression d'être déguisée. Comme je côtoyais des garçons, il fallait que je montre quelque chose de viril. Mais j'étais bien, dans mon élément. Ils m'ont toujours valorisée, ils m'ont toujours encouragée, ils ont toujours été là quand j'en ai eu besoin. Ils étaient comme mes gardes du corps, et grâce à eux je me sentais forte, intouchable. Il ne pouvait rien m'arriver. C'est ce qui m'a permis d'être par la suite la compétitrice que je suis devenue. Parce que j'étais avec des gars qui eux ne lâchaient rien, même quand on prenait de grosses raclées. Je me suis endurcie et j'ai progressé beaucoup plus vite. Eux, forcément, avaient cette vitesse d'exécution propre aux garçons, cette faculté à dribbler vite, à voir le jeu rapidement et surtout ils allaient au contact. J'ai développé tout ça à leurs côtés. Je n'avais jamais peur d'aller au duel. Je n'avais pas peur de prendre mes responsabilités. Ensuite, ma pointe de vitesse et mon pied gauche faisaient la différence.

Au départ, pourtant, mes entraîneurs ne savaient pas trop où me mettre. Moi, je prenais le ballon et je traversais tout le terrain. Jusqu'à l'âge de 15 ans, cela a été un peu compliqué, car j'étais une vraie pile électrique et je ne savais pas trop où aller. Ce que je voulais, c'était courir, dribbler et foncer jusqu'au but. Jusqu'à ce que j'arrive en sélection Champagne-Ardenne. On m'a positionnée « milieu excentré ». Je n'étais pas à l'aise car je n'étais pas au point tactiquement et je ne trouvais pas ma place. L'analyse du jeu, quand tu n'as jamais fait de tableau noir, cela devient vite très compliqué. Ce jour-là, j'étais dans une situation où je ne me sentais pas bien. Jusqu'au moment où Régine Pierre qui encadrait la sélection Champagne-Ardenne m'a dit : « Et si on t'essayait devant ? » Et là, ça a été la révélation. Dès que j'avais le ballon, je filais au but. Mon seul objectif : marquer. Dans ma tête, c'était : « Ballon, but ! Ballon, but ! Ballon, but ! » Je recevais le ballon, je me tournais, et là, je savais systématiquement où était la cage.

À partir de ce moment-là, j'ai franchi un cap et j'ai su où j'allais être la plus utile. Devant.

Plus je grandissais, plus je développais ce goût pour le but, pour la compétition. Et j'y prenais de plus en plus de plaisir. Même quand on enchaînait les défaites. Parfois, on prenait 8 buts, le week-end suivant on en prenait 15, et lorsque je rentrais, mon père me disait souvent :

« Alors vous en avez pris combien encore aujourd'hui ? »

« On en a pris 12… »

Je n'ai pas oublié ces moqueries de la part de mon père. Il ne m'a jamais soutenue, il était même insultant quand il avait bu : « De toute façon, tu es nulle, tu ne sais pas jouer ! » Quoi qu'il en soit, il n'est jamais venu me voir au bord d'un terrain à Brienne, il n'a jamais manifesté la moindre fierté à mon égard. Il était complètement indifférent, incapable d'exprimer le moindre sentiment. Et cela a été un gros manque. Ma mère, pour sa part, travaillait beaucoup mais venait autant qu'elle le pouvait. C'était rare mais elle venait.

Malgré tout ça, je ne me suis jamais découragée. J'aimais ça.

Pour moi c'était juste du plaisir, du partage. On s'amusait. Je me souviens de ces trajets dans le J9 bleu de Tutur, Arthur Burrette, l'un des partenaires du club pour nous conduire en compétition. Ça durait parfois deux, trois heures mais on était contents d'être ensemble. On ne visait pas la Ligue des Champions, on avait juste envie d'être une bande de copains !

Mais le football m'a surtout permis de m'émanciper en tant que jeune fille, à prendre confiance en moi. Je m'interrogeais beaucoup sur ma capacité à pouvoir concilier le football et l'école. Je me disais souvent : « OK, je suis bonne au foot, mais est-ce que je pourrais faire aussi bien en cours ? Est-ce que je serais capable de concilier les deux ? » Il s'avère que je me suis très vite focalisée sur la pratique du foot. J'ai délaissé les études mais grâce à la confiance que me témoignaient mes coéquipiers sur le terrain, j'ai développé un certain charisme. Et une grande force de caractère.

Je me rappelle un tournoi de jeunes à Migennes, dans l'Yonne, à côté d'Auxerre, juste avant Noël 1990. Deux jours avant, ma mère venait d'avoir un accident de la route, elle était plongée dans le coma. Elle y est restée pendant 19 jours, en pleine période des fêtes. Douze côtes cassées, un poumon perforé, une fracture de la rotule et du genou, et un enfoncement du thorax. Un gendarme avait grillé un stop et avait embouti sa voiture. Ce fut un gros choc pour moi. Elle était entre la vie et la mort au centre hospitalier de Troyes, et pourtant 48 heures plus tard je devais donc jouer ce fameux tournoi international. Mon premier gros tournoi. Un plateau avec de grosses équipes : l'Olympique de Marseille, les Girondins de Bordeaux, l'AJ Auxerre, des clubs étrangers… Je me revois sur le trajet dans le bus, allongée sur les deux sièges, à pleurer, à penser à ma mère, à me dire : si elle quitte ce monde, que vais-je devenir ? J'aborde la journée avec les nerfs à vif. On fait un parcours quasiment parfait, on enchaîne les victoires et on se hisse en finale. Contre l'OM. Imaginez l'affiche : ASSB Brienne-OM. C'était l'époque où je commençais à avoir un corps de jeune femme et c'est la première fois que j'ai ressenti le mépris d'un adversaire. Juste avant le coup d'envoi, un attaquant marseillais me prend de haut et me provoque : « Qu'est-ce que tu fais là ? Tu joues au foot, toi ? Une fille ? Tu n'as rien à faire sur un terrain ! » Et là, comme je n'étais pas bien, j'avais les larmes aux yeux. On m'agressait alors que je n'avais rien demandé, et cela m'avait fait énormément de peine. Mais je me suis dit : peut-être que pour toi je n'ai rien à faire sur un terrain mais je suis là, et il va falloir que tu fasses avec. Les copains de l'équipe avaient tout entendu, et eux aussi ça les avait agacés : « Laisse-le parler, tu t'en fous, concentre-toi sur ton match ! » Leur soutien m'a réconfortée mais j'avais la rage. J'étais tellement en colère que tous les ballons que j'ai touchés, j'ai essayé de les exploiter de la meilleure des façons. Et à un moment donné, il y a un ballon qui arrive dans la surface de réparation. Je croise sa course, je décoche une énorme frappe et je marque ! Tous mes coéquipiers me sautent dessus. Grâce à moi, on gagne le tournoi face à l'OM ! À la fin du match, le garçon qui m'avait provoqué vient me voir : « Je suis vraiment désolé, j'ai été con. Je n'aurais pas dû te manquer de respect. Chapeau, tu es une très bonne joueuse. » Ces mots, cela m'a submergée. J'avais eu la reconnaissance et le respect. Le respect dans un monde de machos où le foot était réservé aux garçons.

Néanmoins, tout aurait pu s'arrêter à l'âge de 16 ans. Jusqu'ici, j'avais toujours obtenu des dérogations pour jouer avec les garçons. Mais j'avais désormais atteint l'âge limite. Je n'avais plus le droit et je me suis dit : « Bon, malheureusement, je vais devoir arrêter le foot ». Je ne connaissais pas d'équipes féminines dans la région, je n'avais nulle part où aller. Je devais subir la règle. J'étais totalement dépitée. Jusqu'au jour où Jean-Claude Rychel, l'un des dirigeants de l'Association sportive briennoise, prit les choses en main et appela Régine Pierre, la présidente de l'Olympique Saint-Memmie, un club situé à 80 km de la maison, dans la Marne. Il lui glisse au téléphone : « Tiens, chez nous, on a une gamine qui est vraiment pas mal, tu ne peux pas la louper, elle a un truc. Tu devrais la prendre à l'essai ! »

Dans la foulée, je suis convoquée pour les tests de la sélection régionale Champagne-Ardenne. Et ce jour-là, j'explose tout. Au top, au meilleur moment, sous les yeux de Régine Pierre. À la fin de la journée, elle me glisse : « On serait très intéressés de t'avoir avec nous à Saint-Memmie ». Pourtant, mon premier réflexe, c'est de me dire : « Mais je ne pourrai pas, c'est trop loin de la maison ! » Je n'avais pas mon permis, je n'étais pas autonome, cela me paraissait impossible. Alors, on a trouvé une solution : continuer à m'entraîner avec les garçons à Brienne durant la semaine et jouer les matchs du week-end avec les filles. Le tournant de ma vie.

Chapitre 2

Le regard des autres

Des remarques, j'en ai entendues à longueur de temps, sur tous les terrains. À tout âge. Est-ce que tu es capable de faire un dribble ? Est-ce que tu es capable de faire un passement de jambes ? Est-ce que tu sais faire un amorti poitrine comme un mec ? Un jour, j'ai pris un garçon à partie : « Ben oui, tu vois, mon gars, l'amorti poitrine je le fais exactement de la même façon que toi. Sauf que j'ai une poitrine à la place. Mais le geste est le même, je vais bomber le torse de la même façon, et l'application va être la même. Tu veux que je te montre ? » Le garçon a vu que j'étais un peu agressive et il a dit : « Non, non, ça va aller ! »

Pourquoi vouloir toujours comparer ? Oui, le jeu est moins rapide que chez les garçons. Oui, il y a moins de rythme. Oui, il y a moins de qualités techniques. Et alors ? Nous ne cherchons pas à rivaliser. Quand une fille commence à jouer au ballon, elle veut juste s'amuser, prendre du plaisir, s'éclater. Ce genre de remarques m'agaçait profondément.

Et j'étais tellement irritable que les gens ont vite compris qu'il ne fallait pas trop me provoquer sur le sujet. J'avais déjà un sacré caractère. Du coup, ça ne laissait pas trop de place à l'échange ou à la discussion. Les donneurs de leçon, non merci. Je préférais les ignorer, et continuer à avancer.

D'ailleurs, dès mes premiers pas à l'école, je ne m'attardais pas sur les remarques des autres. J'étais la seule footballeuse de la cour de récréation et j'en étais fière. Les filles jouaient à l'élastique, moi je jouais au ballon avec les garçons. Et ça les rendait jalouses car j'étais très proche d'eux. C'est l'âge où l'on veut toutes un petit amoureux, et là en l'occurrence, j'occupais un peu trop le terrain à leurs yeux. Quand la sonnerie retentissait, nous étions toujours les derniers à rentrer en classe. Il fallait se départager et terminer le match à tout prix. J'entends encore le maître crier : « Allez Marinette Pichon, il faut rentrer maintenant ! »

On était une vraie bande. Le matin, il fallait arriver ensemble. Le soir, il fallait partir ensemble, et une fois les devoirs vite faits, on se retrouvait sur le parvis du quartier pour jouer au foot. Les filles ne sont jamais venues trop m'embêter parce que les seules fois où on m'a taquinée, j'ai répondu sèchement. Ça les calmait immédiatement. Certains disaient parfois que j'étais agressive, je dirais plutôt rebelle. En primaire, un garçon a tenté une fois de me voler mon paquet de bonbons. À l'époque, ma mère me donnait toujours 1 ou 2 francs pour m'acheter des friandises pour la récré. J'étais en CM2. Dans la cour, un gamin m'attrape la main et essaie de me prendre mon paquet de bonbons. Ma réaction a été directe : je l'ai attrapé par le col et je lui ai mis une grande gifle en lui disant : « Oui, tu vois, ce sera comme ça la prochaine fois si tu recommences ». Ensuite, ça a été terminé.

Ce côté garçon manqué, je l'ai totalement assumé. Malgré tous les clichés. Moi, j'étais parfaitement à l'aise avec tout ça. Je n'y voyais aucun inconvénient. Au contraire, j'aimais ça. Je portais des baggys, je m'habillais comme les garçons, je parlais même comme les garçons ! Et ça, c'était un peu plus gênant aux yeux de ma mère. Elle me disait souvent : « Mais qu'est-ce que j'ai manqué chez toi ? Pourquoi tu parles comme ça ? » Je lui répondais : « Je ne sais pas, Maman. Je joue, je parle, je vis avec des garçons autour de moi. Il n'y a pas de filles dans notre clan de footballeurs, donc forcément… Voilà c'est moi ».

Au collège, je n'ai pas rencontré le moindre souci. Sauf que j'étais la footballeuse qui avait du mal à se concentrer sur les études. J'étais loin d'être l'élève la plus assidue, plutôt celle qui passait limite à chaque fois en classe supérieure. Mes notes n'étaient pas bonnes et mon carnet de correspondance rempli d'observations : « Pas concentrée », « N'écoute pas », « Perturbe la classe », « Besoin de travailler davantage à la maison », « Devrait lâcher un peu le football ». Du coup, ma mère était souvent convoquée par les enseignants. J'étais très bonne en éducation physique, en musique et en arts plastiques. Mais pour le reste… En français, mathématiques, anglais, j'étais à la traîne. D'ailleurs, avec le recul, l'anglais, j'ai regretté. Parce que ça aurait pu me servir aux États-Unis.

Le football m'occupait l'esprit. Beaucoup trop aux yeux de l'un de mes professeurs : Monsieur Gatineau. À l'époque, il était inimaginable qu'une fille puisse en faire son métier. Comme je n'étais pas investie en cours, un jour devant toute la classe, il m'interpelle :

« Marinette, vous pensez vraiment que le football va vous permettre de gagner votre vie, que vous allez pouvoir vivre de votre passion ? » Ça m'avait piquée au vif. J'avais très mal pris le fait qu'il me prenne à partie devant tout le monde. J'étais vexée et je n'ai jamais oublié sa réflexion. Quelques années plus tard, en 1997, je pars en tournée avec l'équipe de France aux États-Unis. Nous étions logées à l'hôtel Marriott, au bord de Tampa Beach en Floride. J'étais dans une superbe suite avec vue sur mer. On n'avait pas déboursé un seul centime, la Fédération prenait tout en charge pour fêter leur première Médaille d'or olympique obtenue en 1996. Alors je me suis dit : et si je lui envoyais une carte postale ? J'étais jeune, stupide et très rancunière surtout :

« Monsieur Gatineau,

Je tenais à vous écrire pour vous dire que le football me permet de vivre aujourd'hui. J'ai réussi à décrocher un emploi à Saint-Memmie dans les espaces verts, et aujourd'hui je suis en tournée en Amérique avec l'équipe de France. Je sais que vous ne pensiez pas que j'arriverais à ce niveau-là.

Marinette, une ancienne élève »

Plusieurs années après, nous nous sommes croisés dans les rues de Brienne. Il avait reçu la carte postale. Il m'a dit alors : « Vous savez, Marinette, ce n'était pas du tout méchant. Je n'avais aucune intention de vous faire du mal. Je voulais simplement que vous continuiez vos études au cas où… Une carrière sportive tient à très peu de choses. Tout ça peut devenir rapidement précaire. » Et ça, je ne l'ai compris que bien plus tard. Il voulait avant tout que je réussisse, que je sois capable de concilier les études et le foot. Je pense qu'il a vu passer des tonnes d'élèves comme moi qui délaissaient l'école, et qui se sont perdus ensuite, sans savoir quoi faire de leur vie. Cette discussion, j'en garde un souvenir très fort, et j'ai aujourd'hui beaucoup de respect pour ce professeur.

Tous ces regards, tous ces mots n'ont pas toujours été faciles à encaisser. Mais au fond, ils m'ont incitée à persévérer. Rien ne fut jamais gagné d'avance. Il a toujours fallu combattre les préjugés. Dès mes premiers matchs à Brienne, certains parents ne comprenaient pas ce que je faisais sur le terrain.

En permanence, ma mère entendait des réflexions : « Mais pourquoi ta fille fait du foot ? C'est un sport de garçons. » Elle leur répondait sèchement : « Et pourquoi pas ? Quel est le problème ? Si elle avait voulu faire de la danse, elle aurait fait de la danse. Si elle avait voulu faire du basket, elle aurait fait du basket. Moi, ce que je veux, c'est que ma fille soit heureuse. »

Même au sein de ma famille, cela suscitait des interrogations, des remarques parfois sexistes. Moi, je n'étais focalisée que sur une seule chose : le ballon. Que cela plaise ou non. Cela intriguait énormément mes amis aussi, car ma vie ne tournait qu'autour du foot. Je vivais ma passion à fond et j'avais une existence complètement décalée par rapport aux autres. Certes, il y a eu une époque où je suis sortie comme tout adolescent. Mais une fois devenue majeure, je ne buvais pas, je ne fumais pas, je ne sortais pas. Souvent, lorsque mes amis frappaient à la porte de la maison pour venir me chercher, ma mère leur répondait : « Non, désolée, mais là Marinette se repose » ou « Elle va partir à l'entraînement », ou encore « Elle a un match… »

Lorsque je jouais à Saint-Memmie à 15 heures, on partait à midi. Donc je déjeunais à 11 heures. Ma mère me préparait toujours les repas. J'avais un cadre de vie très strict. Tout était réglé comme du papier à musique.

Ces fameux regards, ils ont changé le jour où j'ai commencé à être convoquée en équipe de France, après être partie à 80 km de la maison pendant presque dix ans, entre 1992 et 2001, pour jouer au foot au sein d'une une équipe 100 % féminine. À Saint-Memmie, il y avait un noyau de supporters. Entre 200 et 330 qui venaient chaque dimanche. Il y avait une vraie ferveur autour de l'équipe féminine. Je me rappelle une fidèle parmi les fidèles : Annie Debrie, celle que l'on appelait Mamie Foot. Elle ne ratait aucun match, elle faisait des gâteaux, elle nous invitait chez elle. J'ai rencontré des gens absolument géniaux à cette époque. Leurs encouragements, leur soutien, leurs regards bienveillants, c'était mon gasoil, mon énergie, mon booster. Tous les dimanches, j'entendais ces gens qui s'étaient pris de sympathie pour moi au bord du terrain : « Allez, Marinette, tu vas nous faire gagner aujourd'hui ! Allez, Marinette, tu vas marquer ! » Avec leurs encouragements, je prenais une grosse bouffée de chaleur, de bonheur, de confiance. Grâce à nos victoires, on a permis à cette « petite » ville de 5 000 habitants de gagner en notoriété, d'exister sur la carte à côté de la « grande » Châlons-en-Champagne. Localement, les filles étaient connues. On était une vraie bande de copines. Il y avait Nicole Dabel, Stéphanie Morel, Valérie Mercadal, Cadi Diallo, Jennifer Orban, Aude Banasiak, Julie Rampant, Deborah Jeannet (décédée très jeune d'un cancer). Gaëtane Thiney et Élise Bussaglia débutaient également. C'était une sacrée génération et on était fières de faire bouger les choses. Quand on a commencé à figurer dans le bulletin municipal, nous nous sommes rendu compte de notre impact. Personnellement, je commençais à bénéficier d'une petite notoriété. J'étais titulaire, je marquais. Alors, au bout d'un an et demi, à l'âge de 20 ans, je suis allé voir le maire. Il s'appelait Marc Hamet, je l'appréciais énormément. Il a fait beaucoup de choses pour moi. Je pouvais discuter de tout avec lui, donc j'y suis allée au culot :

« Marc, mon travail aux espaces verts, c'est bien mais c'est fatigant, éprouvant. Je me lève tôt le matin, et du coup je n'ai plus de jus le soir pour aller m'entraîner.

– Dis-moi, qu'est-ce que tu aimerais faire Marinette ?

– Écoute, si je peux basculer des services techniques de la ville au service des sports, ce serait fantastique. Je pourrais passer mon BAFA, encadrer des jeunes, m'éclater dans mon domaine… »

Quelques semaines plus tard, j'étais animatrice en centre de loisirs. Et dès que les jeunes me voyaient, ils me reconnaissaient : « Attends, mais c'est la footballeuse de Saint-Memmie ! » On discutait de mes buts, de mes exploits. Je commençais déjà à avoir une petite « aura », sans pour autant imaginer jusqu'où je pourrais aller.

Je n'avais pas de plan de carrière à l'époque, mais le jour de ma première sélection en Espoirs en 1993, j'ai compris que tout était possible. C'était en Suède, sous les ordres d'Élisabeth Loisel. Je ne savais pas où me mettre, je ne savais pas quoi dire, j'étais intimidée.

Tout à coup, je basculais dans un autre monde. Alors que jusqu'ici ce n'était qu'une passion, un loisir, j'étais désormais défrayée pour jouer au football. Jamais dans ma tête je n'aurais imaginé que l'on pouvait gagner sa vie grâce au foot. Même si ce n'était alors que 150, voire 200 francs. Ensuite, dès que j'ai intégré l'équipe de France A, je suis devenue incontournable à Brienne. Quand on me croisait dans les rues, les gens m'interpellaient. Tout ça m'est tombé dessus sans que je m'y attende. Je faisais même parfois la une du journal local, je répondais à des interviews télé. C'était un univers totalement inconnu pour moi et j'avais énormément d'appréhension au moment de répondre à toutes ces sollicitations. La peur de mal faire, de ne pas trouver les mots. J'avais arrêté mes études en troisième, et je me disais à chaque fois : « Je ne sais pas faire ça, je ne vais jamais être à la hauteur ». Je commençais à me faire un nom mais je ne m'en rendais pas vraiment compte. Je l'ai réalisé seulement lorsque je suis partie de Saint-Memmie pour tenter l'aventure aux États-Unis. Marc Hamet était décédé, et le nouveau maire, Pierre Faynot, avait organisé une grande réception en mon honneur. Il y avait plus de 300 personnes : ma famille, des amis, des élus, des supporters... Là, je me suis dit : « Ah oui, quand même, ils sont tous là pour moi ! »

Les gens changeaient d'autant plus que je commençais à être connue. Les mêmes personnes qui s'interrogeaient sur les choix de ma mère lui disaient soudain : « Tu as vu, tu as bien fait de l'inscrire au foot ! Tu te rends compte ? Si tu n'avais pas continué dans cette voie, ta fille n'aurait jamais atteint ce niveau-là. » Les doutes et le dédain ont subitement laissé place à la reconnaissance.

Ma mère était fière d'avoir persévéré, d'avoir été fidèle à ses principes et ses idées. D'avoir fait face à tous ces gens qui doutaient de moi. Je pouvais lire dans ses yeux tout l'amour et la confiance qu'elle me témoignait. Son soutien a été primordial. Il m'a confortée dans l'idée de continuer dans cette voie, sans se soucier de l'avis des autres. Avec elle à mes côtés, je pouvais tout affronter. Y compris le regard de mon père. Il ne m'a jamais soutenue. Il ne m'a jamais dit qu'il m'aimait. Il n'a jamais su dire les choses. C'était le néant entre nous deux. Aucun échange, aucune discussion. Il partait au travail, rentrait le soir, et passait ensuite son temps à boire. Seul. Il avait un penchant pour l'alcool et dès que le manque se faisait ressentir, que ce soit ma mère, ma sœur ou moi, nous étions ses souffre-douleur. Au mieux il affichait un désintérêt total. Au pire, un profond mépris. Il faisait tout de même l'effort de m'emmener aux matchs à Saint-Memmie, mais uniquement parce qu'il le fallait, qu'il n'y avait pas d'autre solution. Le trajet aller se passait toujours correctement. Le retour, en revanche, était un cauchemar. Des reproches, et des réflexions toujours blessantes. Un jour, on venait de gagner 5-0, j'avais marqué 4 buts. Il me dit : « Ce n'est pas parce que tu as marqué 4 buts que ça fait de toi une meilleure gonzesse. De toute façon, tu ne feras jamais rien de ta vie ». Une autre fois, ses mots ont été encore plus violents : « Tu vois les arbres là le long de la route ? Tu veux choisir lequel pour que j'aille te mettre dedans ? » Alors je mettais mon casque sur les oreilles pour écouter de la musique et le laisser vomir sa haine. Les 45 minutes de trajet me paraissaient une éternité et j'appréhendais toujours ce moment. Je me disais : qu'est-ce que je vais devoir encaisser ? Je peux vous garantir que ça laisse des traces.

Quand on rentrait à la maison, heureusement, ma mère était là pour recoller les morceaux ! Elle me récupérait en larmes, et me disait : « Allez, ce n'est pas grave, ne l'écoute pas ». Je me suis nourrie de tout ça. De la force que dégageait ma mère parce que, dans ces moments difficiles, elle a toujours été là pour me réconforter. Pourtant, elle n'avait pas beaucoup de temps pour moi à cause de son travail d'aide ménagère à domicile. Un boulot physiquement éreintant. Moralement, elle prenait tout sur elle et elle portait la maison à bout de bras, parce que mon père ne s'investissait absolument pas. Alors, j'avais encore plus envie de donner raison à ma mère, et de donner tort à mon père.

Je n'ai jamais entendu de sa bouche la moindre félicitation. Même quand j'étais en sélection, que je représentais mon pays, que je passais à la télé, qu'il y avait des reportages sur sa fille. Rien. Pourtant, des tas de gens venaient me voir en me disant : « Tiens, on t'a vue, c'est super ce que tu fais. Tu n'oublies pas tes racines, tu es naturelle. C'est toi ». J'avais conscience que tout ça pouvait être très éphémère. Effectivement, le sport te valorise, t'apporte la notoriété, mais la vie est-ce que c'est ça ? La vie c'est ce que tu es, la sincérité que tu as au fond de toi, ce que tu partages avec ceux que tu aimes. Personnellement, je n'ai jamais été dans le paraître. J'ai toujours été franche. D'ailleurs, je n'ai jamais eu beaucoup d'amis dans le milieu du football, parce que je ne savais jamais si c'était par intérêt ou pour ma vraie personnalité.

En réalité, les seuls regards qui comptaient, c'étaient ceux de ma mère et de ma sœur. Je me souviendrai toujours du jour où ma mère est venue me voir pour la première fois en équipe nationale. Cela m'avait profondément touchée. Elle était venue avec mon maillot sur le dos, elle avait les larmes aux yeux. C'était aussi sa récompense. Elle a tellement trimé. Lorsquc jc partais avec la sélection, je lui ramenais systématiquement un cadeau. Un jour, je lui ai ramené du caviar de Russie, elle n'en avait jamais goûté ! Pour moi, c'était la moindre des choses. Ce n'était pas une obligation, c'était naturel.

C'était ma façon de lui faire partager ce que je vivais. J'avais la chance de voyager partout dans le monde grâce au foot : le Danemark, la Russie, l'Italie, la Suède… Alors qu'elle n'avait jamais pris l'avion avant de venir me voir aux États-Unis quand j'ai signé à Philadelphie. Je ne pourrai jamais lui rendre le centième de tout ce qu'elle a fait pour moi. Elle a toujours cru en mes possibilités. Même si aux yeux de certains je pouvais apparaître comme un poids pour ma famille lorsque j'ai arrêté mes études. C'était loin d'être gagné, je ne savais pas où j'allais, ce que j'allais faire de ma vie, mais elle m'a toujours soutenue. Elle a mis sa vie entre parenthèses pour élever ses enfants, ma sœur et moi. Elle au moins a eu son bac, a poursuivi son cursus pour apprendre un métier. Moi, j'étais loin de tout ça. J'essayais de me rendre utile à la maison en faisant le ménage, en m'occupant tant bien que mal de ma grand-mère qui souffrait de la maladie d'Alzheimer.

Heureusement, le football m'a offert la possibilité d'exister autrement. Il m'a permis de me construire au moment où je me disais que je ne ferais jamais rien de ma vie. Jusque très tard, je n'avais pas confiance en moi. Même si j'étais la « petite star » de Saint-Memmie, je me posais des tas de questions, je m'interrogeais en permanence. Quand je rentrais chez moi après les matchs, une fois seule dans mon appartement, j'étais à nouveau la proie de mes inquiétudes. Je me disais : « Oui c'est bien, tu as marqué des buts, mais à quoi ça sert finalement ? Je ne suis pas chirurgien, je n'opère pas à cœur ouvert, je ne donne pas la vie, je ne sers pas la société. Au final, je ne sers à rien ». C'est ce que je me suis dit pendant longtemps. Sur le rectangle vert, j'évacuais les doutes et je dégageais une impression à l'opposé de ce que j'étais dans la vraie vie : une fille fragile et tourmentée. Destinée à lutter, envers et contre tout.

CHAPITRE 3

Le parcours d'une combattante

Le ballon m'a sauvé la vie. Sans le football, je ne serais peut-être pas grand-chose aujourd'hui. Je me revois peu avant mes 18 ans. Sans perspective. Sans diplôme. Sans savoir quoi faire. Je venais d'arrêter l'école. Pourtant, j'avais entamé peu de temps auparavant des études d'horticulture à Fayl-Billot, dans la Haute-Marne, mais très vite, je n'ai pas accroché. Le milieu, l'environnement, les gens. Je me sentais tirée vers le bas. J'ai dit à ma mère : « Sors-moi de ce truc-là, ça ne va pas le faire ! » Je me retrouvais sans rien. Je n'avais même pas de petit boulot, je ne gagnais pas d'argent, ma mère m'avait totalement à charge. Je ne savais faire qu'une chose : jouer au foot.

Ma mère a alors pris son téléphone pour appeler le maire de Brienne, Monsieur Rahon. Un jour, elle lui avait rendu service et il lui avait gentiment dit : « Si un jour, vous avez besoin de quoi que ce soit, venez me voir et j'essaierai de faire quelque chose pour vous ». Elle l'a donc contacté : « M. Rahon, vous connaissez ma fille Marinette. Elle a décidé d'arrêter l'école d'horticulture. J'ai mis beaucoup d'argent pour l'inscrire dans cette école privée. Elle veut arrêter parce qu'elle ne s'y sent pas bien, est-ce que vous auriez éventuellement quelque chose à lui proposer ? » C'est ainsi que j'ai obtenu un petit boulot à l'école Jean de La Fontaine, mon ancienne école maternelle ! Je préparais les salles de classe, je faisais le ménage. Je ne gagnais pas grand-chose mais j'étais heureuse d'être utile. De toute façon, à mes yeux, il n'y a pas de sot métier. À Saint-Memmie ensuite, j'ai travaillé aux espaces verts de la ville. Je me levais tous les matins à 7 heures pour aller passer le balai, tondre les terrains, ramasser les crottes de chien, arroser les fleurs… Je sais d'où je viens. Je n'oublie pas.

Je me suis longtemps cherchée. Et il m'a fallu du temps pour trouver mon identité. Durant toute ma jeunesse, je n'avais que ma mère comme modèle. Elle était la seule personne sur laquelle je pouvais m'appuyer, m'identifier. Je n'étais pas dans un schéma classique comme dans la majorité des familles : j'avais un père absent, alcoolique, humiliant. Difficile de faire pire. Avec le recul, je me rends compte que tout ça a laissé des traces. J'aurais aimé avoir un père aimant, qui s'intéresse à mon parcours scolaire, à mes passions, à comment je vois la vie, à comment j'appréhende les choses. Un père qui s'intéresse à moi tout court.

Heureusement, ma mère a toujours été présente, elle a été ma bouée de sauvetage. J'ai toujours senti de l'amour et de la fierté dans son regard. Il y avait énormément de complicité entre nous. Je me souviens de nos sorties en mobylette, accrochée derrière elle pour aller tous les matins à l'école ou jusqu'au parc d'attractions Nigloland à Dolancourt, à quelques kilomètres de la maison. C'était mémorable. Ma mère n'avait pas son permis. Elle s'était fait avoir par une auto-école du coin qui lui avait pris pas mal de sous, en lui faisant payer le code et des leçons de conduite avant de lui dire finalement qu'elle avait une vision insuffisante pour conduire. Une belle mascarade.

Sans elle, je ne serais pas devenue celle que je suis aujourd'hui. J'aurais pu mal tourner, vraiment. Quand j'étais jeune, j'ai d'ailleurs fait pas mal de conneries, au point de me retrouver une fois chez les gendarmes. Ma mère voyait bien que je sortais, que je ne bossais pas à l'école, que je ne pensais qu'au foot. Elle avait à l'époque un ami à la gendarmerie. Elle est allée le voir et lui a dit : « Ma fille, elle est en train de se perdre, elle a de mauvaises fréquentations, elle rentre à pas d'heure le soir, j'aimerais bien que tu m'aides et que tu lui mettes un petit coup de pression. On verra ce que ça va donner ». C'est comme ça que j'ai vu débarquer une voiture de la gendarmerie à la sortie du collège à l'âge de 14 ans : « Mademoiselle Pichon, veuillez nous suivre à la caserne, nous avons quelques questions à vous poser ». Là, je ne faisais pas la fière. Je suis restée deux heures et demie dans leur bureau, et j'étais vraiment mal. Je me suis dit : « Stop, tu es en train de déconner ». Je pleurais toutes les larmes de mon corps. Ce jour-là, j'ai compris qu'il était temps de changer. Ma mère ne méritait pas ça. Elle avait alors mis un peu de distance entre nous. Pendant trois années, elle en avait bavé. Entre 13 et 16 ans, je ne bossais pas à l'école, je ne faisais pas mes devoirs, je n'avais envie de rien. Des années compliquées. Il faut dire les choses telles qu'elles sont : j'étais une petite racaille.

J'étais rebelle, influençable. Je traînais avec des gamins pas très fréquentables. J'allais en cours, mais c'était juste pour faire acte de présence. Je n'apprenais rien. Plutôt, je ne voulais rien apprendre. Cet épisode de la gendarmerie a été une prise de conscience : il fallait que je change de comportement, d'attitude, de caractère. Je me devais d'être une meilleure personne. Je me suis rendu compte qu'il fallait que je prenne un peu plus soin de ma mère. Elle avait déjà fort à faire et bien d'autres soucis à gérer. J'ai donc changé d'état d'esprit. Je me suis dit : « Allez, sois plus cool. Donne un petit coup de main dès que tu peux ». Car jusque-là, je ne faisais absolument rien à la maison. Je ne rangeais même pas ma chambre. Mon armoire, c'était un bordel sans nom. Il n'y avait rien de plié, tout était en boule. Dès que ma mère ouvrait le placard, elle disait : « D'après toi, c'est rangé, ça ? » Elle mettait tout par terre et j'avais la consigne de ne sortir de ma chambre que lorsque tout était parfaitement plié, rangé dans mon armoire, et mon lit impeccablement fait. Ma mère a un sacré caractère. Elle est trapue, costaude, et elle en impose. Alors, je rangeais ma chambre, minutieusement.

Elle en a bavé avec moi. Je ne voulais jamais rien faire comme les autres. Et surtout ne rien faire comme les filles. Quand je suis rentrée à la maternelle, elle a voulu m'habiller en robe avec des petits souliers vernis. Je détestais ça ! Alors, je faisais exprès d'abîmer le bout de mes chaussures en les râpant sur le sol. Au bout de quelques jours, elles étaient défoncées, je les avais détruites. Tout ça pour qu'elle m'achète des baskets ! Pour les vêtements, c'était pareil, hors de question de s'habiller comme les filles.

Le football m'a permis de m'extérioriser, de prendre confiance en moi. De découvrir des capacités que je n'aurais même pas soupçonnées. Tout ce que je n'arrivais pas à retranscrire ou à mettre en application à l'école, j'arrivais à le faire sur un terrain : m'appliquer, répéter les gammes, faire preuve d'abnégation, être rigoureuse. La preuve que lorsque quelque chose m'intéressait, j'étais capable de le faire. Sauf qu'à l'école, je n'avais pas envie de travailler. Tout est question de volonté. Parce que si je m'en étais donné les moyens, j'aurais décroché un diplôme. J'aurais eu mon brevet, au minimum, comme tout le monde. J'aurais pu, et j'en aurais été capable puisqu'à 40 ans j'ai été capable de reprendre des études pour obtenir un diplôme de manager général de club professionnel (au sein de la Promo 9 « des amis ») au Centre de droit et d'économie du sport de Limoges. Ceci presque 25 ans après avoir arrêté l'école. Certes, j'ai mûri entre-temps, mais je me dis que si j'avais été plus sérieuse et dotée d'un peu plus de jugeote, j'aurais pu grandir différemment. J'ai toujours cette sensation d'être obligée de prouver que je suis quelqu'un de bien, qui a réussi dans la vie parce que je ne possède pas ce bagage scolaire. Ce manque d'assurance, c'est un mal chronique chez moi. Même aujourd'hui, je m'interroge toujours sur ce que je fais : est-ce que c'est bien ? Est-ce que ça va plaire ? Est-ce que ça va convenir ? C'est un combat permanent avec moi-même. Pour aller de l'avant.

Toutes ces interrogations, je les mettais entre parenthèses dès que je mettais un pied sur une pelouse. C'était une bouffée d'oxygène. Je ressentais l'amour des supporters au bord des terrains à Saint-Memmie. Ces gens qui t'acclament, qui t'applaudissent, qui t'encouragent, ça me donnait des ailes. C'était mon échappatoire. Car une fois rentrée à la maison, l'ambiance était vite pesante. Je me demandais systématiquement dans quel état j'allais retrouver mon père. Les dîners en famille n'en étaient pas vraiment. Il n'y avait jamais de discussions à table, encore moins d'éclats de rire. Au contraire, il n'y avait que des excès de colère et de violence. Je n'ai découvert que tard, autour de l'âge de dix ans, sa dépendance à l'alcool. Ma mère et ma sœur avaient fait le maximum pour me préserver. Mais arrivée à l'adolescence, j'ai dû faire face à des scènes insupportables. Un jour, je rentrais de Châlons pour fêter Noël. Quand je suis arrivée, ma mère était encore au travail et mon père était censé surveiller la dinde qui était au four. Au lieu de ça, quand j'ai ouvert la porte, je suis tombée sur lui dans le plus simple appareil, alcoolisé, titubant. Ce fut comme une violente claque. Je suis partie en larmes, j'ai pris la voiture avant de refaire demi-tour quand ma mère m'a appelée en me disant : « Mais non,

Marie, reviens. Ça va aller, on va s'occuper de lui, ça va bien se passer ». C'était un épisode parmi tant d'autres. Pour la Fête des mères, par exemple, on se cotisait toujours avec ma sœur pour offrir un cadeau, un bouquet de fleurs, juste pour la remercier de ce qu'elle faisait pour nous. Lui trouvait toujours un moyen de gâcher cet instant. Par moments, il allait même encore plus loin. Je l'ai vu mettre des raclées à ma sœur, qui ne pouvait plus s'asseoir. Il avait un comportement violent, en permanence. Même vis-à-vis de nos animaux de compagnie. Quel intérêt ?

Je me souviens avoir eu un jour une réaction étonnante face à lui. Il était dans un état d'ivresse avancé et menaçait ma mère. Je suis sortie de ma chambre en hurlant. Je me suis retrouvée face à lui, il avait un couteau à la main. Ma mère est entrée dans ma chambre et tandis que je me suis interposée entre eux, je lui ai dit : « Tu fais un pas et c'est moi qui vais te saigner ! » Je devais avoir 16 ans et ça m'a terriblement marquée. Parce que ce ne sont pas des mots d'une fille à son père. Ce n'est pas allé plus loin mais je pense que sur le coup de la colère, de la panique, il aurait pu se passer quelque chose de dramatique. Parce que ma mère c'était tout pour moi. Je me suis rendu compte alors qu'elle vivait tout le temps dans l'angoisse qu'il lui arrive quelque chose.

Je me suis interposée une seconde fois, le jour où il a commis l'irréparable sur ma grand-mère, atteinte de la maladie d'Alzheimer. Le surprendre tandis que je rentrais plus tôt que prévu de l'entraînement en train d'abuser d'elle m'a marquée à jamais. Je m'en souviendrai toute ma vie. C'est l'un des virages de mon existence.

J'étais effondrée, en état de choc. Complètement paniquée, je tremblais, et je pleurais lorsque ma mère est arrivée : « Maman, il faut que je te dise quelque chose, ça va être dur à entendre… » Je lui ai expliqué ce qu'il s'était passé, mon père écoutait. Plusieurs mois ont passé ensuite sans accroc. Mais j'appelais ma mère tous les jours. C'était une angoisse permanente. Dès que je voyais le nom de ma mère s'afficher sur mon téléphone, j'avais la boule au ventre. La peur de revivre cette scène. J'imaginais le pire, et j'avais raison. Car mon père a réitéré son acte odieux. Ce jour-là, c'est ma mère et ma sœur qui l'ont surpris.

Il s'est montré plus insolent que jamais et ma sœur a pris les choses en main en appelant la police. Les policiers sont venus le chercher, il est reparti avec les menottes aux poignets. Il a gâché notre existence. Quand je pense que ma mère a toujours été là pour lui, qu'elle ne lui a jamais rien refusé… Ça ne lui convenait jamais. Il était passionné de cyclisme, on se cotisait pour lui acheter des vélos pour la Fête des pères. Il n'en avait rien à faire. Une ordure.

Les semaines suivantes ont été un enfer. Il a fallu témoigner au commissariat en vue du procès. C'était bouleversant. J'avais envie de dire aux gens : que savez-vous de la vie des gens quand la porte est fermée ? Rien ! Certaines personnes ne voulaient pas y croire. Elles le voyaient comme un ange au travail, souriant, bosseur. Mais dès qu'il rentrait chez nous le soir, c'était le démon incarné. Pire, certains, qui ne nous connaissaient même pas, se sont permis de porter des jugements, prétendant que nous nous étions toutes les trois liguées contre lui. Ils ne savaient même pas un dixième de ce qu'on avait enduré.

Lors du jugement, il a été condamné à dix ans de prison. Le procès a eu lieu à huis clos. C'était dur, d'autant que je m'apprêtais à m'envoler pour les États-Unis à l'époque. Il fallait que je me prépare à cette nouvelle aventure. Témoigner a été une épreuve. Il a fallu tout déballer, vider nos sacs. Se délester du poids de ces tristes années. Ça a été très difficile, encore plus pour ma mère après 33 années de mariage. Mais il était hors de question de culpabiliser pour un homme qui a anéanti mon enfance et toute ma jeunesse.

Le seul mot qu'il a eu ce jour-là à mon égard, ce fut : « J'espère que tu mettras des sous de côté aux États-Unis ». Sans aucune émotion. Cela a été l'un des moments les plus éprouvants de ma vie, mais je ne remercierai jamais assez ma sœur d'avoir pris cette décision d'appeler la police. Il fallait qu'il sorte de notre vie. À tout prix.

À l'automne 2017, il a resurgi de manière inattendue dans nos vies. Je savais qu'il luttait contre la maladie depuis plusieurs mois, mais j'ai reçu un coup de fil m'annonçant que mon père était entre la vie et la mort. De nombreux souvenirs douloureux sont alors remontés à la surface. Après une longue réflexion, j'ai pris la décision de lui rendre visite une dernière fois à l'hôpital. J'y suis allée avec ma sœur. Face à nous, nous avons trouvé un homme qui avait perdu l'usage de la parole. Il ne pouvait s'exprimer que par le regard et avec les mains. Malgré tout ce qui avait pu se passer, j'étais affectée de le voir dans cet état, atteint de deux cancers. À cet instant, je pensais qu'il nous montrerait un minimum d'affection, une preuve d'amour. Je pensais qu'il exprimerait des regrets. Il en a été incapable. Cela n'a pas été simple à encaisser psychologiquement. Je lui ai dit ce que j'avais sur le cœur. Je lui ai parlé de ma vie, de ma femme, de mes fils. De tout ce que j'avais réussi à construire sans lui. J'étais effondrée car je savais que c'était la dernière fois que je le voyais. Un mélange de tristesse et de rancœur. Je ne pouvais pas lui pardonner sous prétexte qu'il était sur un lit d'hôpital. Je lui ai dit : « Regarde, tu ne nous as pas épargnées, mais je suis là. Je me suis battue. J'ai une famille, et sache que je ne serai pas présente le jour de ton enterrement ». Il est décédé le 14 janvier 2018. Cela a été une sorte de soulagement. Il est parti sans s'excuser, sans exprimer le moindre remord. Il n'est plus là, mais je lui en veux encore.

Ce sujet, je l'ai longtemps gardé enfoui au plus profond de moi. Comme une espèce de petit démon qui m'a poursuivie pendant des années. Je n'ai jamais parlé de ma vie autour de moi parce que j'en avais honte à l'époque. Je me disais : les autres ont un super papa alors que moi je dois supporter un père alcoolique, violent. Ça a été très dur de grandir avec cette figure paternelle déficiente, de vivre avec cette image-là qui m'a longtemps hantée. Tout en essayant de me construire dans ce cadre familial pour le moins singulier avec un père défaillant, une maman qui se décarcasse pour aller travailler et tenir le foyer à bout de bras, une sœur qui essaie de s'en sortir dans ses études, et moi qui ne savait rien faire d'autre que jouer au foot. Pour ma mère, ça n'a pas dû être simple tous les jours. Quand je sortais le soir, elle me disait toujours : « Je veille tant que je n'entendrai pas le bruit des escaliers ». Elle ne dormait jamais tant que je n'étais pas rentrée. Même lorsqu'il était 3-4 heures du matin et qu'il fallait qu'elle se lève deux heures plus tard pour aller travailler. Maintenant que je suis maman, je réalise ce que je lui infligeais : petits enfants petits soucis, grands enfants grands soucis.

Le foot, c'était en fait mon exutoire. C'était mon moment de liberté, mon instant plaisir, une parenthèse où je n'avais de comptes à rendre à personne. Dès que je mettais mes chaussures, je ne pensais plus à rien. Comme si je faisais un « *reset* ». J'oubliais tout, j'étais bien, dans mon élément. Sur le terrain, je galopais dans tous les sens, une vraie pile électrique. Je donnais tout. Il fallait que j'évacue cette espèce de rage intérieure. Dès que je posais un pied sur le rectangle vert, j'avais envie de tout dégommer. J'avais besoin de tout lâcher.

Il fallait faire abstraction. Et parfois, ce n'était pas vraiment facile. Quand il s'était passé quelque chose à la maison, je n'étais pas bien. Je n'arrivais pas à jouer, je n'avais aucune sensation. J'étais incapable d'exploiter un ballon. D'autant plus frustrant que le terrain, c'était le seul endroit où je me sentais utile. Quand je marquais, j'avais l'impression d'être importante, de servir à quelque chose. Tout le contraire de chez moi où j'avais l'impression de n'être personne. Je ne trouvais pas ma place au milieu de parents qui étaient en conflit permanent. C'était un engrenage infernal. Alors pour moi, le football, c'était comme si j'étais devant un sac de frappes et que je vidais tout ce que j'avais en moi, toute cette colère, toute cette rage. Le ballon, c'était mon punching-ball. C'est pour ça que j'arrivais à faire des choses exceptionnelles. C'est pour ça que je réussissais à dribbler trois joueuses puis à mettre un but en pleine lucarne. C'est pour ça que j'ai cette détermination et ce caractère à ne jamais rien lâcher. Mon père me disait tout le temps que j'étais mauvaise, que je ne ferais jamais rien de ma vie. Sans le vouloir, il m'a rendue plus forte.

CHAPITRE 4

L'obsession du but

« Toi, tu touches un ballon, tu le transformes en or ! » L'un des plus beaux compliments que l'on m'ait faits. J'étais toujours capable d'un coup d'éclat, d'amener un brin de folie sur un terrain. Un ballon anodin pouvait se transformer en but. J'ai toujours eu envie d'aller vers la cage, de marquer. Dans mon esprit, c'était la seule finalité. Et ce, dès la première fois que j'ai touché un ballon à Brienne. C'était naturel, instinctif. Dès l'âge de cinq ans, il fallait que j'aille vers le but. Et surtout, j'adorais marquer ! Déjà.

Je n'avais pas d'idole en particulier à l'époque, mais je me suis beaucoup inspirée de Jean-Pierre Papin et de Filippo Inzaghi. Parce que pour moi, ils étaient de vrais renards de surface, des attaquants capables de marquer dans n'importc quellc position. Inzaghi mettait des buts improbables, en passant par un trou de souris. Il avait un sens de l'anticipation et une science du déplacement incroyables. Papin, quant à lui, avait l'instinct. Je le revois sous le maillot de l'OM, quand il portait le brassard, son bandana autour du bras, il était fabuleux. Il pouvait sur deux, trois reprises d'appui, faire la différence. Le mec, il voyait un ballon qui arrivait, il ne le lâchait pas du regard, et était capable d'armer une reprise de volée au milieu de toute la défense. J'étais bluffée. Et ses « papinades », elles m'ont donné envie de reproduire ce type de gestes. JPP, j'ai eu l'honneur et le privilège ensuite de lui remettre un prix pour la Ligue de football professionnel. Je me sentais toute petite ce jour-là. C'était un modèle pour moi.

Marquer est une sensation merveilleuse, une délivrance, un sentiment d'accomplissement. C'est un aboutissement, une récompense à la fois individuelle et collective. Plus je franchissais les paliers, plus je comprenais l'importance d'un but. Mon record : 42 en l'espace d'une saison sous le maillot de Saint-Memmie. C'est vraiment avec cette équipe que j'ai eu le déclic. J'avais des copines autour de moi qui me « mettaient des caviars ». On se trouvait les yeux fermés, je savais systématiquement où elles allaient me mettre le ballon. Je savais comment me déplacer, même si je me faisais souvent prendre au piège du hors-jeu à mes débuts. J'ai dû apprendre à être suffisamment lucide pour faire le bon appel, la bonne course.

J'ai marqué plus de 300 fois durant ma carrière, mais à chaque but, c'était un sentiment différent. Tout dépendait du match, du scénario, du contexte, du moment, de la manière dont il avait été construit, de la manière avec laquelle je m'étais arrachée pour marquer. Dès mes buts avec Saint-Memmie, je me suis rendu compte de la joie que je pouvais procurer : aux supporters, aux parents présents en tribunes, mais aussi à tous les membres et les fidèles du club qui avaient coché sur leur calendrier le match qu'il ne fallait pas louper le dimanche au stade de Fontenay.

Ensuite, plus j'avançais, plus je prenais conscience de mes capacités et du chemin à parcourir. La sélection Champagne-Ardenne, les Espoirs, l'équipe de France, j'y allais pour faire parler mon talent de buteuse. Si j'avais attiré l'œil averti des sélectionneurs, c'était grâce à cette soif de marquer, tout le temps, quelle que soit la position. Je ne suis pas arrivée sous le maillot bleu parce que j'étais sympa ou drôle. J'étais là parce que je savais planter des buts.

J'étais intenable à la tête de l'attaque. Je galopais partout, et je réussissais tout ce que je tentais. Lorsqu'on évoluait en Nationale 1B (l'équivalent de la deuxième division), on s'imposait souvent sur des scores assez fleuves. Je marquais parfois 4 buts par match. J'étais la plaque tournante de l'équipe. Je touchais un nombre incalculable de ballons pendant la rencontre. J'en marquais beaucoup, mais j'en loupais aussi pas mal. À cette époque, j'avais tendance à me disperser au cours d'un match. J'avais des sautes de concentration, je vivais un peu sur mes acquis des saisons précédentes où j'empilais les buts dans les niveaux inférieurs. J'ai passé véritablement un palier lorsque le club a accédé à l'élite du Championnat de France. En D1, j'ai été alors confrontée aux meilleures, celles dont j'avais toujours entendu parler à Juvisy, au Paris-Saint-Germain, à Marseille... D'ailleurs, quand nous allions en déplacement dans le sud affronter le Celtic de Marseille (à l'époque,

© D.R.

Saint-Memmie Olympique (SMO), mon premier club féminin.

Jean-Claude Rychel, mon premier entraîneur (à gauche), et Günter, son homologue du club jumelé de Gödlau (Allemagne).

3e mi-temps à Saint-Memmie.

Première qualification historique des Bleues pour le Championnat d'Europe 1997 en Suède.

Photo de groupe après la Coupe du monde aux États-Unis en 2003.

Magnifique!!!

On avait les Papinnades... et maintenant on a les Pichonnades.

Stage d'Équipe de France à Tignes. Photo réalisée sans trucage !

Zinedine Zidane,
la classe.

C. P. N° 0205 K 79524

ISSN 1147 - 8799

Foot

FÉDÉRATION FRANÇAISE DE FOOTBALL

Foot Entreprise
Présentation et calendrier de la saison 2003-2004
Page 10

Cahier A - Hebdomadaire d'information générale du Football National - N° 636 - Samedi 20 septembre 2003 - Prix : 1,07 euro - Abonnement 1 an : 44 euros

3615 FOOT (0,196e/mn) **Tout le football en ligne : www.fff.fr**

C'est ça la France !

Trezeguet - Pichon : les symboles d'un football tricolore qualifié pour l'Euro 2004 et le Mondial féminin 2003. (Photos FEP)

ET AUSSI

L'Agenda, les Infos-Express, le Tour des Compétitions p. 2 / Conseil National de l'Éthique, Dans le rétroviseur, Billetterie Bleus p. 3 / Sélections : le nouveau défi des Moins de 19 ans Féminines p. 8 / Journées Nationales de l'Arbitrage, Acte II p. 9

Cette édition comprend : cahier A (informations nationales), cahier C (informations fédérales).

Scène de joie avec Soub. Première qualification de l'Équipe de France pour la Coupe du monde 2003.

Stade Geoffroy-Guichard, 16 novembre 2002. Première qualification à la Coupe du monde 2003, et un clin d'œil à Moune, dans les tribunes.

Second trophée UNFP en 2005, avec le FCF Juvisy.

En pleine action.

Mon rêve américain.

Première célébration devant mes fans du Philadelphia Charge…

… et avec mes coéquipières.

Ma *bobblehead.*

© IconSport.

Merci Fabien !

Les amis de la Promo 9 du CDES de Limoges, avec, de gauche à droite, José-Karl Pierre-Fanfan (football), Benoît Peyrabout (handball), Jérôme Pineau (cyclisme), Mikael Sylvestre (football), Sébastien Larcier (football) et Yoann Poulard (football).

© D.R.

© Astrid di Crollalanza.

Un regard vers l'avenir.

l'OM n'avait pas encore de section féminine), nous nous faisions littéralement découper. J'ai compris que chaque match allait désormais être un combat au cours duquel je devrais faire la différence. Je découvrais le très haut niveau. J'arrivais dans la cour des grandes. Un univers où tu t'entraînes chaque jour pour performer le week-end. Un environnement où le résultat prime. Il fallait travailler plus, notamment sur le plan tactique pour être à la hauteur de toutes ces filles qui maîtrisaient les différents schémas sur tableau noir. Au début, on enchaînait les défaites, parfois par 4 ou 5 buts d'écart. Et puis, au fur et à mesure de la saison, on a récolté le fruit de notre investissement. On avait réussi à développer une espèce de « jeu à la Marnaise », qui était basé sur la mobilité, l'agressivité, et sur le fait de savoir saisir les opportunités. On n'avait pas beaucoup d'occasions dans un match. Il fallait donc être efficaces, réalistes. Et ça faisait la différence face à l'équipe adverse : on avait cette capacité à subir (quitte à se faire des frayeurs), mais on était capables de planter deux buts sur deux occasions en contre. On se projetait très vite l'avant et moi j'étais là pour finir le travail. C'était la force de notre équipe et on exploitait les faiblesses de nos adversaires.

Durant cette période, j'ai énormément progressé aux côtés d'un ancien joueur professionnel : Alain Rampant. Il m'a fait comprendre que j'avais un énorme potentiel à exploiter. Mais pour cela, il fallait mieux analyser certains détails et certaines subtilités du jeu pour m'améliorer. Nous avons passé des heures à discuter, à échanger et il m'a permis de franchir véritablement un cap. C'est avec lui que j'ai commencé à accentuer le travail sur la finition devant le but. Je restais après les entraînements pour répéter les courses, les enchaînements. J'étais dos au but à l'entrée de la surface, je me retournais, petit crochet et j'enchaînais la frappe. Même sans gardienne, juste moi, seule face au but pendant une dizaine de minutes.

Quand j'arrivais devant la cage, je n'avais qu'une seule obsession : faire trembler les filets. Il n'y avait pas d'autre choix. C'était obsessionnel. Marquer à tout prix. Et mon geste d'une précision quasi chirurgicale. Tout était clair dans ma tête. Dès que je recevais le ballon, je me tournais vers le but.

Je n'arrive pas à l'expliquer. Une certitude, je ne me posais aucune question. Je tentais le dribble, la frappe. Je n'avais pas une technique folle, mais ma vitesse me permettait de faire la différence. Et dans la surface, j'étais aimantée par le but. Je mettais la tête, je tendais le pied, j'étais toujours là à la réception du ballon. Parfois même, je venais chiper le ballon devant des coéquipières pour marquer. C'était plus fort que moi. Il fallait que je marque, à tout prix. J'étais une tueuse. Je ne laissais rien passer. Aux États-Unis, mon coach Mark Krikorian avait dit une fois : « Avoir Marinette seule en pointe, c'est comme si on jouait avec trois attaquantes ». C'était une petite fierté de l'entendre de sa bouche. J'adorais me défoncer pour l'équipe, et dans ma tête, c'était la recherche perpétuelle du but. J'étais vraiment obsédée par ça.

Dès l'échauffement, j'étais dans ma bulle. Concentrée, appliquée sur chacun de mes gestes. Pour une fois dans ma vie, je réussissais quelque chose et je le faisais plutôt bien. Les filles savaient qu'elles pouvaient compter sur moi. Je servais à quelque chose, j'étais quelqu'un. J'ai attendu de très longues années avant de trouver ma place dans la société, c'est le foot qui me l'a apportée. Je rigolais, je jouais avec insouciance, je m'éclatais, j'étais le boute-en-train. J'étais moi.

Je me sentais importante. J'étais celle qui devait finir le travail de l'équipe. On travaillait énormément de phases de jeu aux entraînements pour que, *in fine*, le ballon arrive dans ma zone. Elles savaient que je pouvais marquer dans n'importe quelle position. Même si je n'étais pas très bonne de la tête. Il a fallu que je parte aux États-Unis pour progresser dans le jeu aérien. Mon timing n'était souvent pas optimal : je sautais et je tapais le ballon à contretemps. En revanche, mon point fort, c'était mon pied gauche. Mon pied droit, j'ai appris à l'utiliser. Grâce aux conseils d'Aimé Mignot, celui qui m'a sélectionnée pour la toute première fois en équipe de France A. En 1995, on affronte les Pays-Bas au stade de la Mosson à Montpellier. En première mi-temps, je rate trois occasions du pied droit. On rentre au vestiaire, le coach fait le débrief et se tourne vers moi : « Marinette, ton pied droit, il ne te sert qu'à monter dans le bus ou quoi ? » J'ai été piquée au vif, et en deuxième période, j'ai tout tenté du pied droit, jusqu'à marquer le but de l'égalisation. Grâce à Aimé. Il a énormément contribué à ma progression. À son contact, j'ai enrichi mon bagage technique, tactique. Grâce à lui, j'ai aussi appris à avoir davantage confiance en moi.

Je haïssais la défaite. Dès que j'ai pratiqué en haut niveau, je ne supportais pas de perdre sur un terrain. Encore plus si j'avais raté mon match. Je ressassais mes mauvais choix, mes face-à-face perdus avec la gardienne, le fait d'avoir été parfois moins altruiste que le jeu ne le voulait. Je n'en dormais pas la nuit, je cogitais énormément. Et quand je n'avais pas mis un but, je ressentais un vrai manque. Je me sentais inutile. Et ce sentiment d'inachevé me renvoyait à plein de choses. Je ne le vivais pas bien. Je n'ai compris que plus tard que l'essentiel était de gagner, même si ce n'était pas moi qui avais marqué. Je pense que les attaquantes raisonnent toutes comme ça : quand tu ne mets pas de ballon au fond des filets, tu as la sensation de ne pas avoir pesé concrètement dans la victoire. Or, ce n'est pas vrai. Parce que si tu as bien défendu, si tu as délivré une passe décisive, ou si tu es à l'initiative du but, tu le vis tout aussi bien. Mais, à l'époque, c'était plus fort que moi : j'avais les nerfs si je n'avais pas mis un but durant le week-end. Je ne le vivais pas bien la semaine qui suivait. Alors, je me réfugiais dans le travail à l'entraînement. J'étais encore plus « focus », plus concentrée, plus appliquée. J'enchaînais les frappes, les coups francs. Je répétais mes gammes, à la manière d'un Cristiano Ronaldo aujourd'hui. Ce joueur est imprévisible, il est capable de se lever en plein milieu d'un dîner pour aller reproduire dans son salon un dribble qu'il a vu à la télé. Jusqu'à ce qu'il le réussisse. J'avais la même exigence. Je me disais : qu'est-ce qui t'a manqué à ce moment-là, précisément, pour marquer ? Je me remettais en question, je reproduisais les situations, j'avais l'envie constante de progresser, de gommer mes erreurs.

Buteuse, c'est une race à part. Il faut à la fois avancer en solitaire et s'intégrer dans le collectif. Tu es là pour servir ton équipe, parce que c'est toi qui vas finaliser les combinaisons, les schémas de jeu qu'on travaille toutes ensemble. C'est à toi de choisir, de concrétiser tout ça. Il s'agit de ta responsabilité. Il faut une bonne dose de caractère, une sacrée détermination et un mental à toute épreuve. Pour surmonter les échecs, chasser le doute, et évacuer la frustration lorsque la réussite n'était pas au rendez-vous. En fait, tout cela était très cyclique. Si tu marques, tu prends confiance, tu enchaînes, tu tentes des choses, tu évolues complètement libérée. À l'inverse, quand tu connais une période de stérilité, tu peux vite tomber dans un cercle vicieux où tu vas manquer de réussite, de maîtrise technique dans tes enchaînements, et là tu peux sombrer psychologiquement. Les questions fusent dans la tête : quand vais-je marquer le prochain ? Vais-je réussir mon prochain face-à-face ? Vais-je reprendre confiance ?

Durant ces périodes où j'étais en panne de but, je l'avoue : j'étais très spéciale. Très lunatique, vraiment pénible. J'étais beaucoup moins joyeuse que d'ordinaire, plus en retrait. Je ne supportais pas de passer à côté de mon match. J'assimilais ça à un échec. Donc, il y a des jours où les autres n'entendaient même pas le son de ma voix. Cela a eu moins d'impact sur moi en fin de carrière car j'arrivais davantage à gérer mes émotions. Mon expérience aux États-Unis m'a énormément apporté sur le plan psychologique. J'y ai gagné en confiance. Je pouvais louper un, deux, trois, quatre, ou dix face-à-face, je me disais toujours qu'au suivant je prendrais le dessus. Le football, finalement, c'est ça. On marche parfois sur l'eau, on réussit tout ce qu'on entreprend. Comme par magie. Et d'autre fois, on est méconnaissable, en manque de sensations et on rate tout ce que l'on tente. C'est là qu'il faut être fort dans la tête.

De fait, j'ai développé assez vite un certain leadership sur le terrain. Un peu moins à l'extérieur du stade paradoxalement. Par exemple, en équipe de France, je ne faisais jamais partie du groupe de filles qui échangeaient et discutaient tactique, qui étaient des relais pour le coach. Peut-être parce que je n'osais pas m'en mêler. Peut-être aussi parce que je n'avais pas assez confiance en moi tout simplement. Je savais exactement ce que je devais faire sur le rectangle vert. Pour le reste, j'ai toujours nourri une forme de complexe.

J'étais pourtant une référence pour beaucoup. Je m'en suis rendu compte lorsqu'on était en rassemblement à Clairefontaine en même temps que l'équipe de France masculine, en 2002. J'avais sympathisé avec Djibril Cissé quand il évoluait à l'AJ Auxerre. Djib, ça n'était pas un jumeau, mais presque. Il avait un profil un peu similaire au mien, avec les mêmes points forts : la vitesse, la puissance, et cette capacité à être toujours dans les zones de réception. J'étais allée le voir plusieurs fois au stade de l'Abbé Deschamps, où j'ai aussi rencontré Guy Roux. Il m'avait même offert son maillot un soir de match. C'était Auxerre-Bordeaux, en décembre 2002, je m'en souviens parfaitement. Il avait marqué un magnifique coup franc, tout en puissance, comme il savait si bien le faire. L'AJA s'était imposée 1-0 grâce à lui. Par la suite, on échangeait souvent par SMS et quand je rentrais des États-Unis, on ne ratait jamais l'occasion de se voir.

Une fois, Djibril était même venu dans la Marne, spécialement pour moi. Je lui avais demandé s'il pouvait faire une séance de dédicaces. Il était venu avec son gros pick-up, et avait pris le temps de rencontrer tout le monde. Il y avait une vraie estime réciproque. Dans une interview accordée au journal *L'Équipe*, il avait même déclaré que j'étais sa sportive préférée. Alors, du coup, lorsqu'on s'entraînait en même temps en équipe de France, il venait me voir, accompagné de Sylvain Wiltord et Zinedine Zidane. Zizou, c'était déjà un super mec, simple, plein d'humilité. Il avait pourtant une notoriété immense. C'était la star de l'équipe de France, c'était un Galactique du Real Madrid. Malgré tout, il était très accessible. Il venait discuter, échanger. La grande classe. À ses côtés se trouvaient aussi Mickaël Landreau et Steve Marlet, avec qui échanger était très enrichissant. Ils m'interrogeaient sur mon expérience aux États-Unis. Ils étaient curieux de savoir comment on s'y entraînait. Certains avaient même vu certains de mes buts sous le maillot de Philadelphie. À ce moment-là, j'ai compris que les garçons avaient un vrai respect pour mes performances et pour ce que j'étais capable de réaliser sur un terrain. Mon parcours les intriguait. Je sortais du lot, j'étais un petit « phénomène ». J'avais osé quitter la France pour jouer aux États-Unis, j'étais la première Française à signer un contrat professionnel, à évoluer au milieu des stars dans le championnat où jouer était le rêve ultime. J'étais une pionnière à une époque où le football féminin était très peu médiatisé. Grâce à mes buts, j'ai gagné le respect de beaucoup. J'avais une personnalité différente et les valeurs que je portais sur le terrain attisaient la curiosité. Certains se demandaient où j'allais puiser toute cette rage, toute cette détermination. J'étais une attraction en sélection. Et à chaque rassemblement à Clairefontaine, j'étais la fille la plus demandée et la plus sollicitée par la presse.

Sans vraiment le réaliser, je suis devenue un modèle. Je trouvais ça très touchant que l'on puisse s'identifier à ma personne. Je croisais souvent des supportrices qui me disaient : « J'ai commencé à découvrir et à apprécier le football grâce à vous, je me suis inscrite dans un club parce que vous m'avez fait aimer ça ». Je n'aurais jamais cru pouvoir devenir un jour une source d'inspiration. C'est ce qui me fait le plus plaisir. J'ai laissé une trace. 81 buts en 112 sélections, personne ne pourra me les enlever.

Ce record, j'ai envie qu'il soit battu un jour. J'ai même envie qu'il tombe le plus vite possible parce que ça voudra dire que notre équipe de France ne cesse de progresser. Je pense notamment à Eugénie Le Sommer, en qui je me retrouve. J'aime sa vitesse d'exécution, son intelligence de jeu, sa capacité à déstabiliser à elle seule une défense. Nous ne sommes pas identiques, mais à travers elle, je me revois lors de mes plus belles années. J'aimerais qu'elle établisse un nouveau record pour les générations futures. Elle en est capable. Je dois même être dans son viseur désormais puisqu'elle est toute proche de la barre des 70 buts en bleu. Si j'avais un conseil à lui donner : qu'elle fasse preuve d'encore plus d'agressivité dans la surface de vérité. Qu'elle laisse parler son talent, qu'elle prenne encore plus de responsabilités dans la zone de finition. Elle est complète, très altruiste, voire peut-être même parfois un peu trop. Une buteuse doit faire preuve d'égoïsme ! Il en faut un minimum, juste ce qu'il faut. Que ça plaise ou non. Il faut savoir qu'il n'y a rien de plus beau que de marquer sous le maillot tricolore. Franchement, c'est à la limite de l'extase. À chaque fois, j'avais des étoiles dans les yeux, le cœur qui battait plus vite, plus fort. C'était une saveur vraiment particulière. L'équipe de France c'est ta nation, c'est ton pays, c'est *La Marseillaise*, c'est tout un peuple qui te regarde. Marquer en équipe nationale, c'est une forme de jouissance. Tu te confrontes aux meilleures, c'est le summum. C'est très fort. Très exigeant également. À chaque sélection, c'est une remise en question. Tu peux être très performante en club, ce n'est pas pour autant que tu le seras en équipe de France.

Même aujourd'hui encore, on me reparle de mes buts. Pendant l'Euro 2017, suite à la diffusion d'un documentaire d'Alain Vernon sur l'histoire de l'équipe de France féminine, j'ai reçu des dizaines de messages de sympathie de gens qui me disaient : « Marinette, quel pied gauche ! » Beaucoup d'observateurs me disent qu'il ne serait pas de trop aujourd'hui chez les Bleues. C'est vrai qu'il nous manque peut-être parfois ce petit grain de folie, mais je n'ai pas de regrets parce que je suis allée au bout de ce que je pouvais faire. Quand j'ai arrêté, j'avais pris cette décision parce que j'étais usée à la fois physiquement et psychologiquement.

Je suis simplement heureuse d'avoir pu procurer du plaisir et d'avoir pu être, à un moment donné, un modèle pour certaines. Aujourd'hui, je m'accomplis différemment dans d'autres domaines tout en ayant la chance d'avoir toujours un pied dans le monde du football grâce à mon métier de consultante pour France Télévisions. J'ai construit une famille, j'ai une femme fabuleuse, deux enfants magnifiques. Grâce à Mickaël Landreau que j'ai côtoyé pendant ma formation au Centre de droit et d'économie du sport, je suis devenue ambassadrice de la marque Kipsta. C'est lui qui a glissé mon nom au P.-D.G. Franck Demaret qui voulait développer une gamme de foot féminin. Au cours d'un déjeuner, il lui a dit : « Vas-y fonce, tu peux y aller les yeux fermés avec Marinette, c'est une fille bien ». Ça m'a touchée parce qu'au-delà de la joueuse, certains ont su capter ma personnalité. Avec des valeurs et des principes qui m'ont toujours guidée. En allant toujours droit au but.

CHAPITRE 5

Une étoile française

Entendre *La Marseillaise*, porter le maillot frappé du coq, représenter son pays, il n'y a rien de plus fort. C'est un honneur. La première fois, c'était en 1993, avec les Espoirs, Suède-France. Je m'en rappellerai toute ma vie. Mon premier réflexe a été de me dire : je veux l'entendre encore et encore. Cela a été même plus intense pour ma première sélection chez « les A ». Mardi 22 mars 1994, à Lyon, contre la Belgique. Le match avait lieu au Stade Gerland, en lever de rideau d'un match de l'équipe de France masculine. Les Bleus affrontaient le Chili. J'avais croisé Jean-Pierre Papin et Ivan Zamorano avant cette rencontre. C'était exceptionnel. Je ne m'attendais pas du tout à être titulaire, j'avais la boule au ventre. Je ne devais même pas être là. Quelques jours plus tôt, la Fédération française de football m'avait appelée en urgence pour pallier le forfait d'une joueuse qui s'était blessée aux ligaments croisés. C'est bien connu, le malheur des uns fait souvent le bonheur des autres. Au final, on gagne 3-0, je ne marque pas mais j'avais tout donné pendant 90 minutes. C'était un moment fabuleux. La première fois chez « les grandes », c'est un souvenir à part. J'avais des étoiles plein les yeux, et en même temps j'appréhendais énormément. J'étais tétanisée au moment des hymnes nationaux. Je ne connaissais pas totalement les paroles de *La Marseillaise*, j'avais terriblement peur de l'écorcher ! Heureusement, j'ai très vite corrigé ça. Une sélection plus tard, je la chantais à pleins poumons. Le début d'une grande histoire d'amour avec les Bleues. Avec son lot aussi de quiproquos, de malentendus et de souffrances.

À l'époque, on attendait les convocations sur Minitel. Et à chaque fois, figurer parmi les 18 meilleures joueuses du moment était un immense privilège. Tu es dans la cour des grandes, et tu te dois d'être à la hauteur des espoirs que l'on a placés en toi. Il y a une pression, une obligation de performances que l'on ne retrouve nulle part ailleurs. Le genre de contexte qui te pousse à te surpasser, à te transcender, à dépasser tes limites. Auparavant, je n'avais jamais souffert de la concurrence. J'étais à Saint-Memmie, j'avais ma place assurée, j'avais un statut. J'étais sûre de commencer chaque match, personne n'était en mesure de me bouger de l'équipe, donc je n'avais aucune raison de m'inquiéter. En revanche, en arrivant chez les Bleues, il a fallu que je sorte de ma petite zone de confort pour aller chercher ma place dans le onze tricolore. Et j'ai très vite vu la différence à l'entraînement. Les séances n'avaient absolument rien à voir. Physiquement, techniquement, tactiquement. Il a fallu se mettre au niveau et gagner sa place. En équipe de France, il n'y a pas de place pour le hasard : si tu es performante, tu es dans la liste. Si ce n'est pas le cas, tu restes à quai. Il y a cette exigence permanente qui te pousse à donner plus, à t'investir à 300 %. Tu entres dans une autre dimension. Incomparable. Si tu es là, c'est qu'à tout moment tu peux enfiler ce maillot pour apporter ta plus-value sur le rectangle vert. Tu ne peux pas te louper. Sous peine de ne pas faire partie du prochain rassemblement. C'est un univers impitoyable, où personne ne se fait de cadeaux. Amies ou pas, nous étions toutes là pour la même chose : gagner notre place dans le onze de départ. C'est la logique, quand tu arrives à ce niveau-là. On se tirait la bourre à l'entraînement, les duels étaient âpres parfois, la tension palpable à certains moments.

Lorsque j'ai débarqué en équipe de France en 1994, nous n'avions pas accès au château de Clairefontaine. Nous étions logées dans le bâtiment des Espoirs. Il a fallu attendre la préparation de l'Euro 1997 pour avoir le privilège de pénétrer dans l'antre du football français. La preuve que nous étions très loin d'être considérées à l'égal des garçons. En fait, nous étions en quête de reconnaissance. Comme si nous devions prouver quelque chose. Pourtant, j'ai toujours considéré qu'il ne fallait pas comparer les deux pratiques, masculine et féminine. Nous avons des caractéristiques différentes, il faut juste savoir les apprécier. Oui, nous n'avions pas de résultats probants à l'époque, mais nous avions des décennies de retard par rapport aux garçons en termes de structures, de moyens. Un exemple simple mais révélateur : je lavais moi-même mes chaussettes à Clairefontaine car nous ne recevions qu'une seule paire, à chaque rassemblement. Heureusement pour moi, j'ai toujours pris soin de mes affaires. Je mettais même du papier journal dans mes chaussures pour ne pas qu'elles se déforment. Il était inimaginable pour moi de ne pas les bichonner. J'avais besoin de les passer à la brosse, de nettoyer la semelle, de les mettre à sécher sur le rebord de la fenêtre. En même temps, j'aurais trouvé ça hallucinant que quelqu'un vienne laver mes pompes. Je n'avais encore rien prouvé, je n'avais encore rien fait. Même lorsque j'étais aux États-Unis, avec une certaine notoriété, un certain statut, je me suis toujours occupée de mes chaussures. Personne n'y touchait. C'était hors de question. C'est comme si je demandais à quelqu'un qui ne me connaît pas de laver mes sous-vêtements. C'était quelque chose de particulier, une part d'intimité.

Sous le maillot bleu, les émotions sont décuplées. Dans un sens comme dans l'autre. Dans les bons et les mauvais moments. J'ai toujours répondu présente, j'ai toujours tout donné pour mon pays et pour l'équipe. Certaines personnes ont pourtant fait croire le contraire... Un jour, en février 2000, je rentre d'un match de Championnat de France à Angoulême. C'était un dimanche soir. Je reçois un coup de fil de ma sœur : « Il faut que je te dise quelque chose. Je ne voulais pas t'en parler avant ton match mais il faut que tu saches que Maman est à l'hôpital. Elle se fait opérer d'un cancer ». Je prends une claque, je suis sonnée. Je lui dis : « Comment ça ? Tu ne pouvais pas m'appeler pour me dire que Maman était hospitalisée et qu'elle était atteinte d'un cancer ?! » Toutes les deux avaient voulu me protéger. Tout avait été planifié pour que je m'inquiète le moins possible. Quand je raccroche, je suis en larmes, effondrée. Ma mère souffrait d'un cancer de l'utérus et trois jours plus tard j'étais censée rejoindre l'équipe de France à Auch pour un match amical. Sous le choc, j'appelle le soir même la sélectionneuse, Élisabeth Loisel :

« Bonsoir Babeth, désolée de te déranger si tard, mais j'ai un gros souci. Ma mère va se faire opérer dans les prochains jours. Elle souffre d'un cancer. J'ai besoin d'être à côté d'elle. Je t'appelle donc pour savoir si tu accepterais que je fasse l'impasse sur ce prochain rassemblement… »

Sa réponse fut un choc. Elle me rétorque que c'est impossible, que je n'ai pas le droit de décliner une sélection. Interloquée, je rappelle qu'il ne s'agit que d'un match amical et que face à une confrontation de ce type, l'opération de ma mère me semble être la priorité. Ce n'est pas un caprice, j'aime ma nation, j'aime l'équipe de France et j'ai du respect pour ce maillot. Mais dans une telle situation, il est tout simplement inenvisageable de ne pas être auprès de ma mère dans cette épreuve.

Malheureusement, pour la sélectionneuse, il était avant tout question du règlement. Impossible pour elle de m'accorder cette dispense : si on est appelée en équipe de France, on doit honorer cette convocation. J'ai donc été très claire avec Élisabeth Loisel et je suis restée sur ma position : j'ai annoncé que je ne me présenterai pas au match le mercredi suivant. Toutefois, cette décision n'a pas été comprise. On m'a expliqué que je servirai d'exemple pour les autres filles si je me comportais de la sorte, et qu'une telle attitude ne pouvait être tolérée.

J'étais scotchée. Je suis passée quelques semaines plus tard devant une commission de discipline. La présidente du club de Saint-Memmie, Régine Pierre, m'a accompagnée ce jour-là à la Fédération française de football. Je suis tombée de haut parce que j'avais l'impression d'avoir commis un crime, alors que j'avais été sincère et honnête en disant que je ne me sentais pas de jouer dans ces conditions. J'ai décliné une sélection parce que ma mère était sur un lit d'hôpital. Il me semble que c'était une raison valable. Pourtant, j'ai pris six mois de suspension. J'ai été écartée de l'équipe de France, et pire encore, avec interdiction également de jouer avec mon club. Au final, je suis restée quasiment neuf mois sans disputer un seul match. Je ne faisais que les entraînements. Cet épisode m'a fait très mal, et j'en ai voulu très longtemps à la sélectionneuse. Mon club, qui m'avait recrutée, qui m'avait trouvé un emploi, qui m'avait fait confiance, se retrouvait avec une joueuse qu'il ne pouvait même pas aligner le dimanche. J'étais pourtant censée être le maillon fort de l'équipe. Ils m'ont énormément soutenue. Je ne pouvais plus m'exprimer comme je le voulais, j'avais l'impression d'avoir été trahie, que l'on m'avait manqué de respect. Élisabeth Loisel estimait, de son côté, que c'était moi qui avais manqué de respect à la Fédération. Mais est-ce qu'on n'aurait pas pu juste s'entendre et faire preuve d'humanité dans ce cas-là ?

Je m'entraînais, mais le cœur n'y était plus. Je me suis efforcée de ne pas lâcher prise, mais cette histoire a été dure à encaisser. Et puis j'ai pris une deuxième claque quand certaines joueuses de l'équipe de France se sont permis de juger mes absences dans les journaux. Elles insinuaient que j'avais fait un caprice de star. Elles m'ont fait passer pour quelqu'un qui manquait à ses obligations à l'égard de ses coéquipières. J'en ai pris plein la gueule. J'étais écœurée. Elles parlaient alors qu'elles ne savaient rien. Je me suis sentie seule, trahie, rejetée.

Je n'ai jamais répondu à ces critiques dans les médias. Cette saison quasiment sans jouer a été très difficile pour moi. J'étais au bord de la dépression. J'ai beaucoup pleuré. Autant j'étais préparée à ne pas être sélectionnée à un moment donné en raison d'une méforme, d'une blessure. Autant je n'étais pas préparée à devenir un bouc émissaire, une paria en sélection. Je ne pense pas avoir mérité un tel traitement. Lorsque ma suspension a été levée, j'ai enfin pu rejouer avec Saint-Memmie. J'étais en manque. D'adrénaline, de compétition. J'ai très vite recommencé à marquer. Évidemment, j'ai recroisé sur le terrain des filles de l'équipe de France, mais nul besoin de préciser que je n'avais aucune envie de les saluer. Quand on se permet de me cracher à la gueule, on ne peut pas venir me faire la bise comme si de rien n'était. Impossible. J'ai été très rancunière vis-à-vis de certaines personnes qui ne savaient pas réellement ce qui s'était passé et qui avaient fabriqué leur propre version des faits. Bien sûr, je ne mettais pas tout le monde dans le même sac, mais pour moi qui avais tendance à faire confiance aux gens un peu facilement, cela a été une grosse claque. J'avais la haine, la rage. Cependant, cette colère, cette hargne ont été un moteur lorsque je suis revenue sur les terrains. J'avais envie de tout défoncer. Les semaines passent, j'empile les buts et dès décembre 2000 je reçois un coup de fil d'Élisabeth Loisel. Je travaillais à l'époque au service des sports de la municipalité. Le téléphone sonne au standard, je décroche et je reconnais immédiatement sa voix… et lui raccroche au nez.

Dans mon esprit, j'avais fait une croix sur l'équipe de France. Il était hors de question que je revienne. On ne peut pas traiter les gens de cette façon et les rappeler ensuite quand on en a besoin, comme si de rien n'était. Les Bleues partaient en tournée en Australie un mois plus tard, en janvier 2001. Élisabeth Loisel me rappelle quelques secondes plus tard. Je décroche et lui dis que je n'ai plus rien à lui dire. J'avais demandé une exception qui a été considérée comme un caprice et que j'avais été sanctionnée. En conséquence, je souhaitais simplement qu'on me laisse désormais tranquille car je ne devais plus rien à personne. Elle a du reste reconnu que les choses ne s'étaient pas passées comme elles auraient dû. J'ai fait mentionner que j'avais souffert pendant plus d'une année tandis que l'équipe de France s'entraînait et jouait des matchs… sans moi. C'est alors qu'Élisabeth Loisel m'a dit que je leur manquais, que l'équipe de France avait besoin de moi et qu'il serait bien que j'envisage de réintégrer la sélection.

Cependant, malgré cette sollicitation, je lui ai répondu qu'un retour en équipe ne me traversait pas l'esprit. C'était inconcevable. Jamais je ne pourrai réintégrer les Bleues sans obtenir des excuses de sa part, non seulement à ma mère, mais aussi à ma présidente de club et au maire de Saint-Memmie. Qu'une fois ces excuses faites on pourra enfin discuter d'un retour en équipe, pas avant. C'est sur cette demande qu'on a clos notre conversation.

Quelques jours plus tard, j'apprends qu'elle avait contacté Régine Pierre et qu'elle avait sollicité un entretien avec le maire, ma mère et moi pour venir s'excuser et clarifier la situation. Le rendez-vous a eu lieu dans le bureau du maire, et face à elle, j'ai vidé mon sac. Je lui ai dit que j'avais été déçue de la manière dont les choses s'étaient passées. Ma mère a enchaîné parce que cette histoire était aussi loin d'être anodine à ses yeux. Je lui ai rappelé les attaques dont j'avais été victime dans la presse et auxquelles je n'ai jamais répondu. Pendant toute cette période, j'ai fermé ma gueule sans jamais révéler ce qu'il s'était passé. Alors, j'avais besoin de réfléchir. Il fallait que je digère tout ça. Et un éventuel retour soulevait aussi beaucoup de questions : quelle allait être la réaction des filles, de toutes celles qui estimaient que j'avais fait un caprice ? Avais-je encore une place dans ce groupe ? Si c'est ne pas me parler car elles estiment que la « star » revient dans le groupe et vient piquer la place de celles qui ont été titulaires pendant mon absence, non merci. J'avais peur de me mettre encore plus les joueuses à dos. Finalement, après une longue réflexion, j'ai décidé de réintégrer l'équipe de France pour le Championnat d'Europe 2001, en Allemagne. Tout ce que j'appréhendais va avoir lieu. J'arrive dans une équipe de France qui m'est hostile. Les filles ne me calculaient pas, ne m'adressaient même pas la parole à table. J'ai tout de suite senti qu'il y avait un malaise. Dès que je cherchais à discuter, personne ne réagissait. Je pense avoir compris pourquoi. Alors que j'avais demandé à Élisabeth Loisel d'expliquer ce qui s'était réellement passé lorsqu'elle avait décidé de m'écarter de la sélection, j'ai encore le sentiment qu'elle ne l'a jamais fait. En réalité, il n'y a que deux joueuses qui m'ont soutenue dans cette affaire : Corinne Lagache et Stéphanie Mugneret. Corinne Diacre me glissait aussi quelques mots d'encouragement. Quant aux autres, elles se demandaient ce que je faisais là. La majorité d'entre elles estimait que je n'avais pas à réintégrer l'équipe de France. Mais il a fallu faire avec. Cela a été un Championnat d'Europe très difficile à gérer émotionnellement. Durant la compétition, j'échangeais beaucoup avec Francis Lalanne, fidèle supporter de l'équipe de France féminine avec qui j'avais sympathisé quelques mois plus tôt. Il me disait de passer au-dessus de tout ça. Mais ce n'était pas aussi simple, d'autant que l'on a été éliminées dès le premier tour. Un échec ! Je me suis endurcie encore davantage, et je me suis renfermée un peu plus sur moi-même.

Finalement, je n'ai jamais provoqué de discussion avec les filles. Je n'ai jamais voulu leur expliquer ce qui s'était vraiment passé. Même si certaines pensaient que j'avais déserté l'équipe de France. C'était au coach de présenter le motif de ma non-sélection et d'être honnête avec les filles. Il y avait une grosse part de pudeur de ma part, et j'estimais surtout que je n'avais pas à me justifier. J'étais là pour représenter mon pays, que ça leur plaise ou non. D'autant plus que j'étais à une période charnière de ma vie. Les dirigeants du Philadelphia Charge m'avaient observée pendant l'Euro. Je leur avais tapé dans l'œil. C'était le bon moment de m'éloigner de la France. Mon départ pour les États-Unis a permis de crever l'abcès. Il y a eu un déclic. Je découvrais là-bas un univers totalement différent, où l'on ne me jugeait que sur mes qualités footballistiques, rien d'autre. Je suis revenue ensuite en sélection l'esprit libéré, sans arrière-pensées, sans complexes, et avec une vraie envie de partager. À partir de là, le regard de mes coéquipières a changé. Il n'y avait plus de tension. La page était tournée. D'autant plus que j'avais gagné une certaine légitimité. J'avais été la première Française à devenir professionnelle, à évoluer dans le meilleur Championnat du monde aux États-Unis ! Elles me respectaient beaucoup plus qu'auparavant, c'était une évidence. Je suis naturellement devenue la leader technique de l'équipe de France. Celle qui focalisait l'attention à chaque match, à chaque rassemblement. La perception des autres avait changé. J'avais gagné le respect et la reconnaissance. Je me suis sentie beaucoup plus épanouie. J'étais moi. Je ne me mettais plus de pression inutile, il fallait m'accepter comme j'étais. Dès lors que j'avais décidé de revenir en sélection, je ne voulais plus être quelqu'un d'autre. Je me sentais plus forte. Quand j'enfilais le maillot bleu, j'étais gonflée à bloc. J'étais bien. J'avais l'impression que rien ne pouvait m'arriver.

J'avais franchi un palier en me confrontant aux meilleures au sein de la Ligue américaine. Alors, chaque fois que je revenais en France, je voulais absolument apporter une plus-value. J'étais encore plus exigeante avec moi-même. Même s'il fallait encaisser le décalage horaire quand je débarquais à Clairefontaine. Il est arrivé que je m'endorme pendant les causeries de la sélectionneuse. J'étais complètement à l'ouest, mais ce maillot bleu était un moteur pour moi. J'ai toujours eu conscience d'être une privilégiée. L'équipe de France m'a permis de parcourir le monde, de découvrir d'autres cultures. J'ai connu des choses, des émotions que je ne pensais pas vivre un jour. J'ai eu une chance monumentale. Je me rappelle ce moment magique quand on a obtenu notre première qualification pour la Coupe du monde. Tout s'était joué lors d'un barrage face aux Anglaises en 2002. Avant le match aller à Londres, Élisabeth Loisel nous a motivées comme jamais : « Je vous préviens les filles, on va à la guerre ! Conditionnez-vous pour 90 minutes de combat. En face, c'est solide, c'est athlétique, c'est costaud. Elles vont vous rentrer dedans. Alors soyez prêtes ! » Ça a été un match fermé, cadenassé. Jusqu'à ce que je débloque la situation. Je reçois un ballon piqué par-dessus la défense de la part d'Élodie Woock. Je contrôle et j'enchaîne avec une frappe au ras du poteau. On s'impose 1-0. Le plus dur était fait pour aller chercher la qualification. Un mois plus tard, on gagne aussi au retour sur le même score à Saint-Étienne. Un but de Corinne Diacre, devant 23 000 personnes à Geoffroy Guichard. Du jamais vu ! Ce but, je le revois encore : Sandrine Soubeyrand qui vient gêner la gardienne britannique dans les airs, un ballon qui ressort à l'entrée de la surface et cette frappe du pied droit de Coco qui va nous offrir notre premier billet pour le Mondial. Il y eut une communion incroyable avec le public stéphanois. C'était très fort. On aurait pu rester des heures dans le Chaudron à chanter, à danser, à célébrer ce succès historique. C'était un aboutissement pour toute une génération. Nous avions connu trois Championnats d'Europe, et la Coupe du monde représentait le Graal absolu. Je me souviens du regard de ma mère au coup de sifflet final. Elle avait fait 400 kilomètres pour venir me voir. Elle avait fait la route avec ma meilleure amie, Maud Levasseur, celle que j'appelle toujours P'tit Loup. Maman était en larmes. J'étais moi aussi submergée par l'émotion. Elle était tellement heureuse, tellement fière. Elle n'avait certainement jamais imaginé tout ça vingt ans plus tôt au bord du terrain à Brienne. Elle a toujours été là dans les étapes importantes de ma carrière. Je lui ai toujours tout donné : mes médailles, mes maillots, mes trophées. À la maison, elle gardait tous les articles qui m'étaient consacrés. J'étais un petit phénomène, mais j'ai toujours eu conscience que sans les autres je n'étais rien. Je marquais, j'étais celle qui était mise en avant mais tout ça, je le devais aussi à toutes les filles talentueuses qui évoluaient autour de moi.

J'ai toujours été reconnaissante des caviars qu'elles pouvaient me délivrer. Je n'étais pas du genre à tout ramener à ma personne. Je n'ai jamais cherché la lumière. J'ai toujours pensé à l'équipe avant tout.

La compétition devait avoir lieu en Chine en 2003. Pour des raisons sanitaires, elle aura finalement lieu aux États-Unis. Signe du destin, le premier match a lieu à Philadelphie ! On perd 2-0 face à la Norvège. On a souffert : il faisait chaud, on n'arrivait pas à développer notre jeu. Défaite logique. Deuxième match de groupe à Washington : on signe une courte victoire face à la Corée du Sud : 1-0, je marque l'unique but du match. Le tout premier but d'une Française dans une Coupe du monde. Historique. Un souvenir gravé à jamais. Je me revois sauter dans tous les sens. Ça a été une explosion de joie énorme ! Le dernier match de poule se joue face au Brésil, à Washington toujours. On fait match nul 1-1. Je marque encore mais nous sommes malgré tout éliminées au premier tour. Frustrant. Nous faisons nos valises avec toutes la même envie : pouvoir goûter à nouveau un jour au parfum de cette compétition.

On dit souvent que l'équipe de France vous fait rentrer dans un autre monde. J'en suis témoin. Si je n'avais pas brillé en sélection, je n'aurais jamais connu le rêve américain. Si tu n'es pas sous les feux de la rampe avec ton équipe nationale, tu ne peux pas être repérée. Toutes les détections des grands clubs se font sur les grands rendez-vous internationaux : Championnat d'Europe, Coupe du monde, Jeux olympiques. Si tu n'y figures pas, tu n'as aucune chance de taper dans l'œil des recruteurs. C'est pourquoi lorsque tu accèdes une fois à l'équipe de France, ton seul objectif ensuite, c'est d'y revenir et d'y rester le plus longtemps possible. Parce que tu joues avec les meilleures et contre les meilleures. Il n'y a rien de mieux. Il n'y a rien de plus exigeant non plus. Le sport de haut niveau tient en fait en un proverbe américain : ce qui vient vite s'en va de même.

CHAPITRE 6

Le rêve américain

De Saint-Memmie à Philadelphie. Le genre de trajectoire improbable. Jamais je n'avais imaginé franchir un jour l'Atlantique pour évoluer aux États-Unis. Je fus repérée durant l'Euro 2001 en Allemagne. Élisabeth Loisel me dit que mon profil intéressait un entraîneur là-bas. Il s'agissait de Mark Krikorian, le coach des Philadelphia Charge. Il faut préciser que le championnat américain, c'est la référence dans le monde du foot féminin. La Ligue que toutes les meilleures joueuses européennes rêvent d'intégrer un jour. Au retour de l'Euro, on commença à discuter. Les échanges durèrent jusqu'en décembre. Là, je décidai de franchir le pas, de tenter l'aventure. Je signai un engagement pour un an avec un salaire mensuel de 6 000 dollars par mois. J'avais jusqu'ici ma petite vie tranquille à Saint-Memmie, avec tous mes repères : mon boulot, mon petit appartement, le stade à cinq minutes. Tout était à taille humaine. Puis tout d'un coup, je m'apprête à passer d'une bourgade de 5 000 âmes à une métropole de 1,5 million d'habitants. Un vrai choc culturel.

Dès que je pose le pied sur le sol américain en 2002, je prends une claque monumentale. Tout est immense : les aéroports, les autoroutes, les voitures, les stades… Même les hamburgers sont surdimensionnés ! Ma mère m'accompagne pour les 15 premiers jours. Après neuf heures de vol, nous sommes accueillies par Pia Sundhage, l'adjointe de Mark Krikorian. Je ne maîtrisais absolument pas l'anglais, ma mère encore moins. Pia me tendit direct un maillot et une veste floquée du numéro 11 des Charge. À peine arrivée, il fallait filer à la présentation officielle de l'équipe aux supporters et aux sponsors. Nous montons dans un gros 4x4 noir à l'effigie du club. Sur le capot et les portières : la mascotte, une footballeuse blonde en combinaison noire et cheveux dans le vent. Impossible de passer inaperçues dans les rues de « Philly ». Direction le stade. J'étais tétanisée. L'équipe devait être présentée à la mi-temps du match des garçons. Il y avait 10 000 personnes, j'étais impressionnée au milieu des travées du Villanova Stadium.

C'est dans ce contexte que je fis donc la connaissance de mes coéquipières. Je croisai en premier Heather Mitts, l'internationale américaine. Elle me dit en anglais avec le sourire : « Alors c'est toi la Frenchie ? Il paraît que tu marques plein de buts en France. On attend de voir ça avec nous. Sois la bienvenue chez nous ». Tout le monde me parlait en anglais, et ce fut très vite compliqué pour moi. Je tombai ensuite sur Anne Makinen, une Finlandaise qui n'avait pas beaucoup de temps de jeu mais qui parlait un peu français. Je la regarde et je lui dis immédiatement : « Toi, je ne te lâche pas ! À partir de maintenant tu es ma meilleure amie ». Elle éclata de rire, et on posa les bases comme ça, dans la bonne humeur. Le speaker annonça ensuite le nom de toutes les joueuses. Nous fûmes appelées une par une au centre du terrain. Il y avait une ovation pour chacune d'entre nous. Je n'avais jamais connu ça. C'était très fort et très particulier à la fois. J'avais du mal à réaliser. J'étais complètement sonnée à cause du décalage horaire, de la fatigue. Après être remontée en tribune pour assister à la deuxième mi-temps, je vis toutes mes coéquipières aller chercher des pizzas et du soda. Je regardai ma mère interloquée : c'est ça les joueuses professionnelles américaines ? Je ne m'attendais pas du tout à ce genre de régime alimentaire en tant que sportive ! Le soir, c'était Pepsi et pizzas à volonté. J'étais scotchée. Elles mangeaient ce qu'elles voulaient. Le coach ne leur imposait pas d'alimentation particulière. Il leur faisait confiance. Je me suis rendu compte pendant ces trois années aux États-Unis que leur mode de vie n'avait pas d'impact sur leurs performances. Beaucoup de rigueur dans le travail, mais en dehors, énormément de liberté. C'était aussi le cas en sélection. Les internationales américaines me racontaient que le staff responsabilisait un maximum les joueuses lors des plages de temps libre. Tout était fait pour qu'elles soient dans les meilleures conditions. Elles avaient même le droit d'avoir leur famille à l'hôtel. Je voyais parfois des filles avec leur mari, leurs enfants. Cela m'a toujours bluffée.

Cette première journée sur le sol américain s'acheva à l'hôtel Marriott de Philadelphie. Le club m'avait réservé une chambre magnifique de 40 m^2, avec un lit gigantesque. Je n'avais jamais vu ça. Après une courte nuit, rendez-vous dès le lendemain pour la visite médicale. Un passage obligatoire avant de parapher le contrat. L'objectif : vérifier que vous êtes bien apte à pratiquer le sport de haut niveau. Pour cette première journée, on m'a prise en charge dès la sortie de l'hôtel. Direction le campus de Villanova University, où nous utilisions les infrastructures de l'équipe de football américain. Je pénétrai dans une salle de soins gigantesque ! Il y avait 12 tables de massage, chacune des filles de l'équipe avait son physiothérapeute. J'hallucinais complètement. Le docteur me dit : « Mettez-vous en short, T-shirt. On va faire quelques exercices et vérifier toutes les articulations, le pouls, le cœur... » C'était la première fois où j'avais droit à un check-up complet, jusqu'au petit orteil ! Pendant l'examen, je me posais un tas de questions. Si je suis recalée, que vais-je faire ? Finalement, au bout d'une trentaine de minutes, il se tourna vers moi et me dit : « OK, c'est bon pour vous ». Je pus enfin souffler, j'étais soulagée. L'aventure allait pouvoir démarrer.

Je découvrais le vestiaire où m'attendait mon propre casier avec mes équipements parfaitement pliés : short, maillot, chaussettes, serviette. Également à disposition : un sac pour déposer ses affaires sales à la fin de l'entraînement. Je n'avais rien à faire, j'étais totalement chaperonnée. Un sacré changement pour moi qui avais toujours pour habitude de préparer mon sac pour venir au stade. Mais je n'ai jamais dérogé au long de ma carrière à mon plus grand principe : laver moi-même mes chaussures. Même s'il suffisait de venir au stade les mains dans les poches, je lavais mes chaussures. Quoi qu'il en soit, ces avantages me firent en fait comprendre que je devenais une joueuse professionnelle qui ne devait avoir qu'une seule chose en tête : le football, et rien d'autre.

Je fus encore plus impressionnée lorsque je découvris les vestiaires de jour de match au Villanova Stadium. La pièce devait faire quasiment 200 m^2. Au milieu trônaient deux canapés et deux grandes tables où les fans nous déposaient des petits cadeaux, des cookies ou autres. Chacune avait aussi sa place attribuée à la saison, sachant qu'il y avait trois catégories de joueuses au sein de l'équipe : les garanties, les semi-garanties et les non-garanties. C'était très particulier car les non-garanties pouvaient être amenées à partir du jour au lendemain dans le cadre d'un prêt ou d'un échange avec un autre club. Les semi-garanties, quant à elles, avaient l'assurance de rester pendant un certain nombre de mois. Arrivées à cette échéance, elles étaient susceptibles d'être transférées ailleurs. Enfin, les garanties ne bougeaient pas, signaient pour un an et renégociaient leur contrat à la fin de la saison. J'appartenais à cette dernière catégorie car j'avais un statut de joueuse internationale.

Mon quotidien changea radicalement. Avant de m'envoler pour les États-Unis, j'étais assistante administrative au service des sports de la ville de Saint-Memmie. Je ne gagnais même pas 800 euros par mois. Les primes de match étaient de 20 euros. Ça faisait un petit complément mais vraiment pas grand-chose. J'arrivais à m'en sortir parce que j'avais peu de dépenses. Mon loyer était payé par le club et j'avais une voiture de fonction. En signant à Philadelphie, je passais à un autre train de vie. Je gagnais 6 000 euros par mois pour jouer au football. Je me suis vite acheté une énorme voiture américaine de six mètres de long, neuf places : une Dodge Durango. La démesure totale. Au bout de deux mois, j'ai emménagé dans une petite maison dans la banlieue de Philadelphie. Elle était située au calme, à l'orée d'un bois. J'avais une terrasse de 60 m^2 qui donnait directement sur la forêt. J'étais bien. Mais les premières semaines furent loin d'être idylliques.

Au début, après trois jours à l'hôtel, le club me proposa d'être logée chez l'habitante. En l'occurrence chez une Espagnole qui s'appelait Mathilde Dueñas. Elle sous-louait une chambre à l'étage de sa maison. Je payais 350 euros pour 15 m^2. Signe que je ne devais peut-être pas y rester longtemps, je me trompais de maison en arrivant le jour de l'emménagement. Je me retrouvais à frapper chez Mary et Malone Grove, des fans des Philadelphie Charge qui allaient devenir ma deuxième famille. J'étais avec ma mère et on n'arrivait pas à se faire comprendre. Ils parlaient beaucoup trop vite pour nous, mais il y eut tout de suite un très bon feeling. Ils me reconnurent tout de suite : « Mais vous êtes la Française qui vient d'arriver ? Venez, on va vous accompagner chez Mathilde, c'est deux numéros plus loin ».

Ma mère resta 15 jours avec moi. Je commençais à prendre mes repères, mais dès son départ, je ressentis immédiatement une forme de mal-être. Je pleurais, j'avais peur de ne pas réussir, je n'arrivais pas à montrer qui j'étais. J'étais rincée, fatiguée, je n'encaissais pas les charges de travail. Le malaise était d'autant plus perceptible que j'étais incapable de trouver le chemin du but. En panne. Méconnaissable. J'étais au fond du trou.

Tous les soirs, j'appelais ma mère et tous les soirs j'étais en larmes. Le doute a commencé à s'installer. Je ne me sentais pas bien aux entraînements, j'avais l'impression de ne pas être au niveau, de ne pas répondre aux attentes. J'avais envie de rentrer. Au bout de deux mois, ma mère me dit : « De toute façon, tu ne peux pas partir, tu as signé pour une année. Il faut que tu essaies de t'intégrer. Il faut que tu apprennes à échanger avec les filles pour que tu te sentes mieux, que tu te libères. Sinon, tu vas vivre l'enfer et ça va être une mauvaise expérience pour toi ». C'était vraiment dur. Je passais de trois entraînements par semaine à un voire deux entraînements par jour. On parcourait l'Amérique, parfois cinq heures de vol pour aller jouer. Pour moi qui stressais en avion, c'était une angoisse de plus à gérer. J'avais le cafard, et peur de ne pas y arriver. Il y avait l'éloignement, l'absence de repères, le manque de personnes auxquelles je pouvais me confier. Après cette fameuse conversation avec ma mère, je raccrochais, je chialais un bon coup, pris une bonne douche et me mis au lit. Quand le réveil sonna à 7 heures, dans ma tête j'ai eu un déclic. « Maintenant c'est bon, l'Amérique t'appartient, tu vas tout casser ».

J'allais à l'entraînement et commençais enfin à me lâcher, à déconner avec les filles. J'essayais tant bien que mal de faire des blagues en anglais. J'avais fait quelques progrès grâce aux cours que le club me payait. J'y allais deux fois par semaine avec les Chinoises de l'effectif. Elles avaient encore plus de mal que moi, c'est dire ! Ce jour-là donc, j'ai mis mes soucis et mes états d'âme de côté. Après deux mois au bord de la dépression, j'avais une prise de conscience. Il était hors de question que je fasse autant de sacrifices pour rester en situation d'échec. Je commençais à m'imposer, et surtout à imposer mon style sur le terrain. J'étais la « *french touch* » de l'équipe. J'ai beaucoup corrigé mon jeu. J'ai énormément appris au niveau du repli défensif grâce à Pia Sundhage. Mark Krikorian, quant à lui, me faisait beaucoup travailler mes déplacements et mes appels de balle. Ils étaient tous les deux très complémentaires. L'un animait la séance, l'autre observait. Il y avait beaucoup de respect et de complicité entre eux. Quand on n'arrivait pas à effectuer un exercice, on continuait jusqu'à ce qu'on le réussisse. Une fois parvenues à l'enchaînement parfait, on s'arrêtait pour passer à autre chose. Il fallait répéter les gammes, développer les automatismes et le staff avait toujours les mots pour nous rassurer, nous encourager : « *Great, good job Pichon. Wonderful !* » Le management était de grande qualité. Les choix étaient systématiquement expliqués. Le dialogue entraîneur-joueuses était permanent. Par exemple, quand je revenais de France après avoir joué avec la sélection, je n'étais jamais titulaire le match suivant. Mais je n'avais même pas le temps de cogiter.

Le coach me prévenait : « Marinette, tu ne vas pas être titulaire aujourd'hui. Tu seras remplaçante. Tu viens de rentrer, tu as eu un long vol, tu es fatiguée. On ne va pas prendre le moindre risque. Je ne veux pas que tu te blesses, alors tu vas commencer sur le banc ». De fait, le doute n'avait pas le temps de s'installer, c'était du bon sens.

Aux États-Unis, j'ai changé de dimension en développant encore plus mes points forts. Je voulais toujours plus travailler. Mon mental aussi changea. Après les entraînements collectifs, j'enchaînais avec des séances individuelles trois fois par semaine. Je restais souvent avec l'internationale anglaise Kelly Smith, et les internationales chinoises Liu Ailing et Zhao Liong. Vingt minutes minimum à chaque fois pour améliorer la finition devant le but. J'étais à la retombée des centres : contrôle, amorti, volée, tête, frappe… Tout y passait. Le professionnalisme « à l'américaine » m'a permis d'acquérir un goût encore plus prononcé de l'effort. C'était une approche complètement différente de celle que nous avions en France. Chaque semaine, le mardi puis le jeudi, c'était séance vidéo. L'une basée sur l'animation offensive, l'autre sur l'animation défensive. Vingt, trente minutes à chaque fois, pas plus. C'était clair et concis. Les mouvements étaient disséqués, j'ai énormément appris.

Mes journées étaient entièrement consacrées au football. Physiquement, j'ai commencé à m'affûter. En arrivant aux États-Unis, je pesais 63 kg. Au bout de quatre mois, j'en faisais huit de moins. Poids de forme : 55 kg ! J'étais *fit*, tout en muscles ! Désormais libérée, je me révélais aux yeux du public américain. J'ai pris beaucoup de défense, de vitesse, j'ai marqué des buts exceptionnels, j'avais la sensation d'être « inarrêtable ». Je n'ai d'ailleurs jamais été aussi forte qu'à cette période. J'avais des certitudes en rentrant sur le terrain. Je savais que j'aurais tôt ou tard une balle de but à exploiter. Je n'avais aucune inquiétude, j'étais sûre de moi.

Dès ma première saison, je marquai quatorze buts, je fus élue meilleure attaquante et meilleure joueuse de la Ligue américaine, la Women's United Soccer Association (WUSA). Je me rappelle avoir reçu un énorme trophée en cristal avec cette inscription : *Most Valuable Player 2002*. Je succédais à Birgit Prinz, internationale allemande, à ce prestigieux palmarès. « MVP », cela voulait dire énormément pour moi. C'était la reconnaissance de mes pairs. Les joueuses et les entraîneurs du championnat avaient voté pour moi. Ils m'ont adressé de nombreux messages de félicitations : « Bravo ! Tu le mérites ! Tu es une très grande joueuse ! Chapeau ! » J'étais très émue en recevant cette récompense. Je m'étais imposée, j'avais enfin réussi après avoir beaucoup douté. La persévérance a payé. Et cela m'a encore plus boostée. J'ai accentué le travail pour ne pas décevoir tous ceux et celles qui croyaient en moi. Vu de France, mon statut a changé aussi. Ce titre de meilleure joueuse du Championnat américain est l'une des plus hautes récompenses que l'on peut rêver recevoir un jour. Il provoqua une vraie déferlante médiatique : des dizaines d'articles dans la presse, des équipes de télé traversèrent l'Atlantique pour raconter mon aventure américaine. Je comprenais alors que j'étais en train de vivre le rêve américain, le vrai. Celui qui change un destin, une vie.

À aucun instant, je n'avais imaginé tout ça. Être élue la meilleure joueuse du Championnat américain, c'était la référence suprême au début des années 2000. Mes coéquipières me disaient que c'était un plaisir d'évoluer à mes côtés. Quant à mes adversaires, elles me disaient que c'était un calvaire de m'affronter. J'étais difficile à suivre au marquage pour les défenseures et les gardiennes ne pouvaient plus me voir. « C'est l'enfer d'être face à toi » m'avait glissé en rigolant à la fin d'un match Briana Scurry, la gardienne d'Atlanta et de l'équipe nationale américaine.

Ce fut une expérience fantastique. La découverte d'un autre monde. J'étais passée des petits terrains du Championnat de France aux stades gigantesques de la Ligue américaine. Je me rappelle encore mon premier match face au Washington Freedom, l'équipe où évoluait Mia Hamm, la meilleure joueuse du monde, la star du football féminin aux États-Unis. Dans les tribunes : 17000 personnes ! Ce fut un choc. Et c'était comme ça tous les week-ends. À Saint-Memmie, il y avait 200, voire 300 personnes tout au plus pour les grosses affiches, au bord de la main courante. Aux États-Unis, il fallait que le *show* soit parfait. Tout était fait pour que les supporters passent le plus de temps possible au stade. Je me baladais parfois dans la *fan zone* avant les matchs, en prenant soin d'avoir toujours un stylo dans la poche pour signer des autographes. Les gens venaient discuter avec moi à deux heures du coup d'envoi... inimaginable en France ! Il n'y avait pas d'histoire de concentration, de mise au vert. Il y avait une réelle volonté de la Ligue de tisser du lien, de créer une vraie relation avec les fans. Il fallait fédérer autour du *soccer*, faire en sorte que ce moment soit une fête pour tous. J'ai été imprégnée de cette culture du sport spectacle. Je trouvais ça fascinant. Les supporters pouvaient acheter des maillots, manger une pizza ou un hamburger, s'amuser sur un stand de tir de précision... Tout était fait pour consommer, mais aussi et surtout s'imprégner un maximum de l'atmosphère du club. Après les matchs, les abonnés les plus privilégiés avaient accès au *club-house*, le « Wild Onion », où les joueuses avaient l'obligation de passer saluer les fans.

Il y avait à chaque fois entre 300 et 400 personnes qui nous attendaient. Des enfants, des familles, des retraités. Toutes les générations se mélangeaient. On buvait un coup, on parlait des matchs, on faisait des photos. Tout se faisait très naturellement. On restait même parfois jusqu'à 2 heures du matin. Il n'y avait aucune barrière. J'adorais cette proximité, d'autant plus que j'ai eu rapidement droit à un fan-club : le « *Pichon's Eleven* », en rapport avec le numéro onze que je portais à chaque match. Il y avait des gens qui m'apportaient systématiquement des boîtes de cookies à la noix de coco, au chocolat ou à la cannelle. D'autres m'offraient des peluches, c'était hallucinant. Dans le stade, je les repérais très vite en tribune. Ils accrochaient un drapeau sur lequel était inscrit #11Pichon. Ça me mettait du baume au cœur, j'avais envie de leur faire plaisir. C'était une relation très forte. J'échangeais, je discutais souvent avec eux et je suis même allée dîner avec certains. Je voulais vivre l'expérience à fond.

Le club était aussi très engagé socialement dans la ville. Fréquemment, nous allions dans les hôpitaux pour rendre visite à des enfants malades.

Le genre de choses qui vous touche, vous sensibilise et vous aide à garder les pieds sur terre. Les dirigeants nous sollicitaient également pour faire des séances de dédicaces dans les centres commerciaux de Philadelphie. Trois ou quatre joueuses étaient désignées à chaque fois. Il fallait arriver avec la tenue du club, puis on faisait des photos, on signait des posters, on dédicaçait des maillots, on offrait des ballons… On était là pour fidéliser notre public et élargir notre base de supporters. C'était certes une obligation pour toutes les filles, mais c'était un réel plaisir de venir apporter du bonheur aux gens. On ne comptait pas le temps passé sur place, à aucun moment j'ai ressenti cela comme une contrainte. Au contraire.

Au fil des semaines, je me sentais de mieux en mieux. J'avais de plus en plus de complicité avec les filles à l'entraînement. Un jour, une veille de match face à North Carolina, à la fin de la séance d'entraînement, je lançais un pari à Heather Mitts et Jenny Benson, deux internationales américaines : « Si je marque demain, je fais une danse, OK ? »

Le lendemain, sur un long centre venu de la gauche, je monte dans les airs plus haut que tout le monde et je marque de la tête ! Le bon timing au bon moment. Et pourtant, le jeu aérien était loin d'être mon point fort à l'époque. Je vais alors au poteau de corner, j'appelle Heather et Jenny, et je me mets à faire la « Monkey Dance ». Une célébration que j'allais ensuite répéter à chacun de mes buts. C'était ma signature, ma marque de fabrique. Au stade, je voyais même des gens en qui venaient avec des masques de singe en tribunes. Plus fort encore, quand je marquais, j'entendais : « Ouh, ouh, ouh ». C'était exceptionnel ! Mieux encore, comme les Américains sont très forts en *merchandising*, ils en ont profité pour commercialiser un petit singe en peluche qui portait mon numéro et mon nom. Ça a fait un carton. Des milliers d'exemplaires ont été vendus. Dans la foulée, le club a même fabriqué des *bobbleheads* à mon effigie. De petites figurines en tenue de footballeuse, maillot numéro onze sur le dos, avec la tête sur un ressort. Seul problème : ma *bobblehead* tapait dans le ballon du pied droit alors que je suis gauchère. Mais c'est un détail…

J'ai même eu l'honneur de donner mon nom à un burger dans un restaurant de supporters. À Philadelphie, les clients pouvaient donc commander « The Pichon Burger » ! Une sacrée reconnaissance de la part de ces fidèles amis américains !

Sans aucun doute, ce furent mes plus belles années. Car mieux encore, le niveau que j'affichais aux États-Unis, j'arrivais à le transposer en équipe de France. Je marquais but sur but lors de la phase de qualification pour la Coupe du monde 2003. Je ne me posais plus de questions, je vivais pleinement tout ce qui m'arrivait. Je me revois marquer, je me revois danser, je me revois communier avec les supporters. Je suis heureuse d'avoir connu cette exaltation. D'avoir découvert une autre culture et de m'être enrichie humainement. J'avais appréhendé un autre monde, appris un autre mode de vie. Je m'étais imprégnée d'une autre mentalité. J'avais fait des choses que jamais je n'aurais imaginées. J'étais payée pour jouer au foot et j'avoue que j'en profitais un max. Il m'est arrivé de déguster des pattes de crabe à 400 dollars !

Je partais sans me poser de question faire du jet-ski en été sur les côtes du New Jersey, de la motoneige en hiver au Canada. J'ai vu les chutes du Niagara, j'ai marché sur la 5e avenue à New York, et j'ai vécu dans la ville de Rocky Balboa. Tout ça était inimaginable pour moi qui avais grandi à Brienne-le-Château, dans la campagne auboise.

À la fin de l'été 2003, la Women's United Soccer Association a pourtant fait faillite. Le modèle économique n'était plus viable. Le Championnat disparut. Je n'avais plus de club. Pour ne pas abandonner mon rêve américain, j'ai alors négocié avec la seconde ligue américaine, l'United Soccer League. Un contrat amateur cette fois-ci pour jouer avec les New Jersey Wildcats pendant six mois en 2004. Le paradoxe c'est que je gagnais encore plus d'argent que lorsque j'étais professionnelle. Grâce à ma notoriété aux États-Unis, certains parents voulaient que je coache leurs enfants pour leur faire partager mon expérience du haut niveau. Je faisais des séances d'entraînement rémunérées 250 euros l'heure par enfant. C'était hallucinant ! Je prenais sous mon aile cinq ou six filles deux fois par semaine, faites le calcul : entre 2 500 et 3 000 euros par semaine. Quand je sortais, il n'y avait pas un jour où je n'avais pas au moins cinq personnes qui voulaient faire une photo, une dédicace. Je n'ai jamais refusé, ce lien avec les supporters est vital. J'aurais aimé que l'aventure se prolongeât encore davantage, mais j'ai dû rentrer en France en août 2004. Faute de carte verte, ce sésame indispensable pour travailler et rester sur le sol américain. C'était d'autant plus frustrant que je voulais développer une école de football sur place. J'avais obtenu des lettres de recommandation de tous les entraîneurs de la Ligue et du sélectionneur américain. La Fédération avait milité pour moi aussi en disant que j'avais contribué pendant ces deux années au développement du football féminin sur le sol américain. J'avais même reçu les encouragements du président Georges W. Bush ! Mais cela n'a pas suffi, malheureusement. Je le regrette encore aujourd'hui car j'aurais vraiment aimé rester. Tout me réussissait, je me sentais tellement bien. Il y a là-bas une ouverture d'esprit que l'on ne retrouve pas chez nous. Les gens ne jugent pas en permanence et ne sont pas jaloux de la réussite. Je suis revenue en France métamorphosée. J'étais une autre femme. Sûre d'elle, décomplexée, prête à tout assumer.

Chapitre 7

À bas les tabous

Il y a une énorme hypocrisie dans le monde du football. Encore plus chez les hommes. Combien sont-ils à avoir déclaré publiquement qu'ils étaient homosexuels ? Je comprends les enjeux économiques et le souci de préserver leur image, mais il y a un vrai manque d'honnêteté. L'ancien joueur Olivier Rouyer a eu le courage de le faire et d'assumer en 2008. C'est le seul en France. Les autres préfèrent se murer dans le silence. Dans un milieu d'hommes, c'est encore plus compliqué de faire son *coming out*. Tu peux facilement être rejeté. Dans le vestiaire, tu peux rapidement être la cible de propos discriminants. Cela peut être très violent à encaisser. Alors, ils préfèrent garder ça pour eux. L'homosexualité est un vrai sujet tabou dans le milieu du foot. Chez les filles, il y a beaucoup de lesbiennes mais personne n'ose en parler. Comme si les clichés sur le sport féminin empêchaient certaines de se dévoiler. Le football féminin est vu comme un sport de garçon manqué et les gens ne peuvent s'empêcher de faire des raccourcis. Incapables d'assumer leur homosexualité, j'ai vu des coéquipières s'inventer des vies, des histoires, des relations avec des hommes. Est-ce la peur de décevoir sa famille et ses proches ? Est-ce la peur du regard des autres ? d'être stigmatisée ? de l'homophobie ? J'ai toujours du mal à comprendre ce silence – mais je respecte ce choix – ce cache-cache permanent. Le jour où l'on m'a posé la question : « Est-ce que vous êtes homo ? » J'ai dit oui. Je n'ai rien à cacher. Je ne me voyais pas mentir, même si cela pouvait nuire à ma réputation.

J'ai bien conscience que ce n'est pas si évident pour tout le monde. Lorsque j'ai découvert que j'étais attirée par des femmes, c'était très déstabilisant. C'est un grand chamboulement. Déjà, tu te dis forcément que tu n'es pas comme tout le monde. Tu te demandes : pourquoi moi ? À 15 ans, je regardais ma prof de sport. Je la trouvais pleine de charme. Il ne s'est jamais rien passé, mais j'étais intriguée. Je pensais alors que c'était une pulsion passagère. Mon premier baiser avec une fille, je l'ai connu un an plus tard lors d'un stage à Vichy où j'étais avec la sélection Champagne-Ardenne. Elle venait du sud de la France. Ce fut une révélation. J'ai compris que j'étais définitivement attirée par les femmes. Quand je rentrais à la maison, je n'avais évidemment pas osé en parler à ma mère, mais j'avais très vite senti qu'elle était distante. Elle ne se comportait pas comme d'habitude avec moi. Quelques jours ont passé, et je lui ai alors dit :

« Maman, qu'est-ce qui se passe ? J'ai fait quelque chose que je n'aurais pas dû ? Pourquoi es-tu si distante ?

– Tu veux savoir ce que tu as fait, vraiment ? J'aimerais surtout que toi, tu me dises ce qu'il s'est passé ! »

Elle ouvre alors le tiroir de la commode de la salle à manger et sort une enveloppe et me la balance sur la tablc. À l'intérieur : quatre pages de déclaration d'amour écrites par la fille avec laquelle j'avais flirté à Vichy. J'étais décontenancée que ma mère apprenne mon homosexualité de cette façon. Elle était désemparée, ne comprenait pas :

« Dis-moi, qu'est-ce que j'ai manqué ? J'ai raté quelque chose ?

– Tu n'as rien manqué, Maman. Et puis cette fille, je ne la reverrai jamais. Je ne vais pas prendre un billet de train pour aller la rejoindre, rassure-toi.

– Je ne comprends pas. Pourquoi tu ne m'en as pas parlé ?

– Déjà, je ne pensais jamais que tu l'apprendrais comme ça. Je n'ai pas décidé de te mentir. Mets-toi à ma place, ce n'est pas facile et je ne sais pas ce qui m'arrive réellement. Qu'est-ce que tu veux avant toute chose ?

– Moi, je veux uniquement ton bonheur.

– Donc, je ne vais pas me cacher. Et sois tranquille, je ne vais pas tout de suite ramener des filles à la maison. »

Elle reprend alors la lettre et me dit en souriant : « Tu aurais pu au moins en trouver une plus jolie. Mais bon, quoi qu'il arrive, je veux que tu sois heureuse, épanouie. Sache que je t'aime, plus que tout ».

Avec ma mère, on s'est toujours tout dit. Ses mots m'ont fait du bien, m'ont rassurée. J'avais peur qu'elle me rejette. On a longtemps gardé cette discussion entre nous. C'était notre secret. Mon père ne l'a appris que plus tard au cours d'un déjeuner durant lequel ma sœur m'avait fait une petite réflexion. L'échange a été très bref :

« Oui, papa, j'aime les femmes. Et alors ?

– Tu crois que je suis bête, ou quoi ? Tu crois que j'ai des œillères ? Je l'ai remarqué depuis un moment ».

La discussion s'est arrêtée net. On n'en a jamais reparlé. De toute façon, j'avais décidé d'assumer. Même si je me cherchais encore. Lorsque je jouais à Saint-Memmie, j'avais quand même eu une relation avec un homme. Un gardien de but qui s'appelait Richard. J'avais 18 ans. J'étais même éperdument amoureuse de lui. Nous sommes restés ensemble presque deux ans. Jusqu'au jour où il m'a trompée. Je l'ai très mal vécu, il m'a brisé le cœur. Je l'ai recroisé à mon retour des États-Unis. Je me baladais à Reims avec ma meilleure amie, P'tit Loup, et tout d'un coup j'entends quelqu'un m'appeler dans la rue : « Marinette ! Marinette ! » Je me retourne, c'était lui. Or, je ne voulais surtout pas le revoir. J'avais peur de ce que je pouvais ressentir en le revoyant.

Je l'ai néanmoins salué, c'était un moment particulier. Mais j'ai aussi compris que j'étais passée à autre chose. J'aimais les femmes, définitivement.

J'ai donc tracé ma route, sans me soucier du regard des autres. J'étais une curiosité pour certains et il y eut parfois des réflexions plus dures à entendre que d'autres. À Juvisy, en 2004, lors d'un match face à Lyon, je tente de déborder sur le côté et le ballon sort en touche. Un type au bord du terrain m'interpelle :

« Tu ferais mieux d'arrêter le foot, sale homo !

– Pardon, tu peux répéter ce que tu viens de dire ? Tu fermes ta bouche et la prochaine fois que tu m'insultes, je te poursuis et je porte plainte pour discrimination. »

Il ne s'attendait pas à ma réaction. Le jeu a repris, mais dès le coup de sifflet final, j'ai couru vers la main courante. J'étais hors de moi. Deux filles m'ont raisonnée, car j'étais prête à lui mettre mon poing dans la figure. Je ne supporte pas que l'on vienne me juger et m'insulter de la sorte. Je n'ai besoin de l'aval de personne pour vivre et être heureuse. Les gens peuvent penser ce qu'ils veulent, mais personne ne peut dicter ma vie.

Oui, il y a de l'homosexualité dans le foot. Et alors ? Pourquoi n'aurait-on pas le droit de le vivre au grand jour ? Pourquoi serions-nous obligées de nous cacher ? Il n'y a absolument pas de honte à faire son *coming out*. Aux États-Unis, les filles l'assument beaucoup plus facilement. Abby Wambach ou Megan Rapinoe se sont dévoilées très vite. Cela ne les a pas empêchées d'avoir une magnifique carrière, d'être de super joueuses et des filles stables, équilibrées. Là-bas, j'ai tout de suite joué cartes sur table lorsque l'on m'a posé la question. Ils sont nettement plus ouverts et tolérants vis-à-vis des couples homosexuels. À Philadelphie, je voyais souvent deux femmes ou deux hommes se tenant la main dans la rue, sans que cela ne gêne personne. En France, à moins d'aller dans les quartiers fréquentés par la communauté gay, c'est beaucoup moins fréquent. Peut-être parce qu'il y est plus difficile de chasser les idées reçues.

Des histoires entre filles dans les vestiaires, j'en ai vues évidemment. Personnellement, j'ai pris le parti de ne jamais avoir de relation durable avec une partenaire. J'avais une règle : ne jamais sortir avec une joueuse de mon équipe. Trop compliqué. Trop risqué. C'est une situation qui peut avoir une vraie incidence sur l'équilibre du groupe. L'affect peut influer sur le jeu, donc le résultat. En cas de conflit, comment évoluer aux côtés d'une personne avec laquelle il y a eu un différend sentimental ? Cela peut vite semer la pagaille. J'ai vu des filles contraintes de quitter l'équipe car l'ambiance était intenable après une séparation. Certaines ont même été incitées à partir car l'autre fille avait plus de poids au sein du club. L'une restait, l'autre faisait ses valises !

Mon seul écart, je l'ai fait avec une supportrice aux États-Unis. C'était une fan inconditionnelle des Philadelphia Charge. Après chaque match, elle était présente au Wild Onion. On a pris l'habitude de discuter ensemble et on a très vite sympathisé. Je me suis laissée charmer. Je sentais qu'il se passait un truc, on s'est rapprochées dangereusement… À ce moment-là, je n'avais déjà plus de sentiments pour ma compagne qui était restée en France. Mais je n'aurais jamais dû franchir le pas. Je suis tombée sur tout ce que je déteste : une femme vulgaire, violente et alcoolique. Au départ, tout allait bien mais au bout de quelques semaines, c'est devenu l'enfer. Dès que je me suis installée avec elle, j'ai découvert une autre personne. Je sentais la situation se dégrader jour après jour : reproches, insultes... J'avais peur que cela dégénère davantage. J'ai alors appelé P'tit Loup et je lui ai dit : « Ça ne va pas du tout. Il faut que tu viennes. Je t'offre le billet d'avion ». Deux jours après, elle était là. On se connaît depuis Saint-Memmie. Elle a toujours été là pour moi et elle l'est encore, après plus de dix-sept ans d'amitié. Elle a fait partie de mon équilibre aux États-Unis. Quand le moral n'était plus au rendez-vous, je lui passais un petit coup de fil et elle s'arrangeait toujours pour venir me rendre visite. Cette fois-ci, elle débarque juste avant Thanksgiving et elle arrive dans un contexte très tendu à la maison. Un soir de plus où ma nouvelle compagne rentre après avoir bu. Dans la cuisine, elle s'est montrée très violente. J'étais terrorisée, en larmes, je tremblais, je hurlais. J'ai immédiatement dit à P'tit Loup : « Là, il faut qu'on parte. On ne peut pas rester là, ça va mal se terminer ». On a pris la voiture et on est parties se réfugier chez Mary et Milone. C'est un épisode qui m'a marquée car ces scènes me renvoyaient à mon père et à tout ce que j'ai pu vivre pendant ma jeunesse et mon adolescence. Ma mère m'avait pourtant prévenue lorsqu'elle m'avait rendu visite à Philadelphie : « Elle est louche cette nana, il ne faut pas que tu restes, protège-toi ». Elle avait raison. Le lendemain, je me suis pointée à l'entraînement en larmes. Les filles ne comprenaient pas ce qu'il se passait. En leur racontant ce que j'avais vécu, elles m'ont toutes dit : « Ne t'inquiète pas, on va t'aider. C'est une *bad girl*, elle n'en vaut pas la peine ». Dans ma tête, je me suis dit plus jamais. Plus jamais je ne veux vivre ce genre de choses.

Mon homosexualité, je ne l'ai vécue pleinement qu'à partir du moment où j'ai rencontré la femme de ma vie. Il y a douze ans. Lorsqu'on s'est connues, Ingrid n'avait jamais eu de relations avec une femme. C'était inimaginable pour elle. Il lui a fallu un long moment de réflexion. Mais le jour où notre aventure a débuté, tout était clair, limpide. Nos familles et nos amis étaient au courant, tout le monde l'a vite acceptée. Il n'y avait aucun obstacle à notre amour. Je pouvais enfin vivre totalement mon homosexualité. Auparavant, même si mon orientation n'était pas un secret, je m'interrogeais beaucoup. Parce que je n'étais pas en harmonie avec moi-même. Parce que je n'avais pas trouvé la bonne personne. Notre première rencontre, je m'en souviendrai toute ma vie. Septembre 2004, lors des podiums de l'Essonne, à Évry. Je revenais à peine des États-Unis, je jouais à Juvisy tout en étant salariée du conseil général. Ingrid était là pour être récompensée en tant qu'athlète essonnienne, membre de l'équipe de France de basket-fauteuil, médaillée de bronze au Championnat d'Europe. Dès qu'elle est montée sur scène, il s'est passé quelque chose. Elle dégageait un charisme incroyable. J'étais troublée. Il fallait que je la rencontre. J'ai décidé de traverser la salle pour lui parler. J'étais fébrile. Je ne savais pas comment l'aborder. Je l'ai alors félicitée pour sa médaille et sa récompense, puis on a passé toute la fin de soirée à discuter. Elle devait repartir dans le nord de la France, à Villeneuve-d'Ascq, pour rejoindre l'équipe de France de basket-fauteuil en stage. Avant qu'elle monte dans sa voiture, on décide d'échanger nos numéros. Elle ne savait pas que j'étais homo, elle ne savait pas non plus que j'avais eu un coup de cœur. J'ai mis plusieurs semaines à aborder le sujet avec elle. On s'appelait souvent et au bout de nombreux coups de fil, j'ai décidé de lui en parler. Je pensais à elle, j'avais envie de la voir. Il fallait que je lui dise. Il était très tard ce soir-là et après lui avoir confié que j'étais lesbienne, il y a eu un gros blanc. J'ai senti le malaise. La conversation a duré à peine deux minutes avant qu'elle me dise : « Il est tard, si ça ne te dérange pas je vais aller dormir, on se rappelle bientôt ». En raccrochant, je ne me faisais plus beaucoup d'illusions. Pendant un an, je n'ai pas eu de nouvelles, aucune. Il a fallu attendre octobre 2005 pour la revoir, au stade de Bondoufle. En tant que conseillère départementale handisport, elle animait un atelier de basket-fauteuil pour les jeunes. On est toutes les deux surprises de se retrouver là mais on se reparle naturellement, comme si de rien n'était. Dans mon esprit, de toute façon, j'avais lâché l'affaire. D'autant que j'étais avec quelqu'un, même si c'était loin d'être stable. La journée se passe super bien, on discute, on rigole. Au moment de partir, je la cherche partout pour lui dire au revoir. Et là, personne. Je me dis « pas encore ! » Elle était partie sans me saluer. Trente minutes plus tard, je reçois un SMS : « Marinette, je suis désolée. J'ai dû m'absenter. Je suis partie chercher mon fils ». Sur le coup, je suis surprise. Je ne savais même pas qu'elle avait un enfant ! Les semaines qui suivent, on échange énormément, on apprend à se connaître, on passe du temps ensemble sans qu'il ne se passe quoi que ce soit. J'en avais envie, mais je ne tentais rien. Je sentais que c'était différent. Et je sentais qu'il lui fallait du temps. Tout a basculé au moment des fêtes de fin d'année. Je m'apprêtais à prendre la route pour le repas de Noël chez ma mère. Je passe un dernier coup de fil à Ingrid avant de monter dans ma voiture :

« Je voulais juste te faire un petit coucou avant de partir. Je pars deux semaines chez ma mère pour les fêtes.

– Tu nc vcux pas passcr mc voir avant d'y allcr ?

– Non, je ne peux pas, cela ne va pas être possible… »

Ma mère m'attendait, donc je suis partie. Quelques minutes tard, je reçois un appel d'Ingrid :

« Tu vas me manquer, Marinette.

– Toi aussi, énormément.

– Il faut que je te dise quelque chose au fait. Je sais que ça va t'énerver, mais un homme m'a embrassée…

– Et tu t'es laissée faire ?

– Oui. Parce que j'avais besoin de savoir. »

À ce moment-là, dans nos têtes, on savait qu'on allait se revoir et qu'une histoire d'amour allait commencer entre nous. J'ai bataillé mais elle en valait la peine !

J'arrive chez ma mère et les jours qui suivent, on s'appelle tous les soirs. On reste au téléphone jusqu'à 4-5 heures du matin. Je lui propose de venir passer le Nouvel An chez nous avec son fils Maxim. Ce n'était pas évident pour elle d'expliquer tout ça à son enfant. Il n'avait que 12 ans à l'époque. Il sentait qu'il se passait quelque chose et que sa mère ressentait quelque chose pour une femme. De mon côté, il fallait aussi que j'éclaircisse ma situation. J'étais encore en relation avec quelqu'un, et je ne voulais pas entamer quoi que ce soit avec Ingrid sans l'avoir prévenue. Je prends donc ma voiture, direction Châlons-en-Champagne pour lui annoncer que notre histoire était terminée. Ça s'est très mal fini. Elle a beaucoup souffert de cette rupture au point de débarquer chez ma mère quelques jours plus tard, alors que j'étais en compagnie d'Ingrid et de son fils. J'ai eu toutes les peines du monde à la raisonner.

Tout le monde pleurait. La situation était compliquée. Mais j'étais sûre de moi. Je savais que c'était la bonne décision. Et je savais déjà qu'Ingrid allait devenir la femme de ma vie. Notre premier baiser, nous l'avons échangé le 28 décembre 2005. Furtivement, devant P'tit Loup qui tenait la chandelle ! Et cette histoire d'amour dure depuis plus de douze ans maintenant. Pour moi, ma femme, c'est Angelina Jolie. Même si elle est en fauteuil roulant. Son handicap, je ne le vois pas. C'est une femme comme une autre, une femme qui prend soin d'elle, qui va au travail toute seule, qui conduit sa voiture, qui fait les courses, qui part en vacances… Bref, hormis le handicap, elle est comme toutes les femmes ! Il y a juste quelques réflexes à adopter en termes d'accessibilité mais elle est parfaitement autonome. Ce qui fait que parfois j'occulte totalement le fait qu'elle soit paraplégique. Il m'arrive même parfois d'oublier le fauteuil dans le coffre de la voiture !

Je l'aime comme elle est. Elle dégage quelque chose d'unique. Aujourd'hui, je suis fière et privilégiée de vivre à ses côtés. Et quand j'ai envie de lui tenir la main ou de l'embrasser, je le fais. Quel que soit le contexte, quel que soit l'endroit.

Pourquoi les couples homosexuels n'auraient d'ailleurs pas les mêmes droits que les autres ? Nous avons aussi droit à notre bonheur. Nous ne volons rien à personne. Je me suis découvert une âme de militante au moment de défendre le « mariage pour tous ». J'en ai voulu au gouvernement d'avoir autant fait traîner les choses. La loi aurait dû être votée et promulguée beaucoup plus vite. Certains en ont profité pour descendre dans la rue et porter un jugement sur les couples homosexuels. Il y a eu des affrontements, des débordements. C'est allé trop loin. Quand je repense aux mots de Frigide Barjot, j'en ai encore des frissons dans le dos. Le mouvement de la Manif pour tous a été d'une telle violence, ses positions si loin de l'idéal d'égalité et du vivre ensemble, ses mots si choquants que nous en avons tous été meurtris et blessés. Cela m'avait profondément agacée qu'un pays se déchire à ce propos. Parce qu'il y a, à mes yeux, des sujets beaucoup plus graves et plus importants. Il y a des personnes qui n'ont pas de logement, qui meurent de faim, qui vivent dans la misère absolue. La société a tellement mieux à faire que de descendre dans la rue pour contester le droit au mariage pour tous. Mais c'est typiquement français. Tout le monde veut exprimer un avis sur tout. En ce qui me concerne, je veux juste qu'on nous foute la paix. Je veux que les gens puissent vivre leur bonheur, sans avoir à affronter le regard des autres. Je veux que les parents ne changent pas leur regard sur leur enfant lorsque celui-ci leur révèle qu'il est homosexuel. Je suis choquée d'entendre encore aujourd'hui des histoires de jeunes rejetés par leur famille, chassés de la maison en raison de leur homosexualité. Ça me fait de la peine de constater ce genre de choses en 2018. On ne doit pas se sentir coupable d'aimer une personne du même sexe. On aime avant tout quelqu'un. Que ce soit une fille ou un garçon, qu'importe. Nous avons en France un retard considérable en matière d'ouverture de nos mentalités. Certes, on ne vit pas dans un monde où tout est rose, mais j'aimerais juste que les gens s'aiment et s'apprécient pour ce qu'ils sont. Je ne veux plus voir ce genre de scènes où des personnes se font insulter, parfois même violenter, parce qu'ils sont homos. Pourquoi tant de haine ? Ce n'est plus acceptable. Je ne juge personne, je suis ouverte à l'échange, je prône la tolérance.

Le fils d'Ingrid, Maxim, a eu l'intelligence de m'accepter comme je suis. Pourtant, cela n'avait rien d'évident quand j'ai débarqué dans leur vie. Je n'étais pas préparée à endosser ce rôle de figure parentale, il m'a fallu moi aussi trouver mes repères. À l'époque, il était très fusionnel avec sa mère et, au début de notre relation, il a eu du mal à accepter que sa mère soit avec une femme. Il m'avait d'ailleurs fait une réflexion qui m'avait blessée lorsque nous étions en vacances à Biarritz : « Je dis à mes copains que tu es ma tante ». Comme s'il avait honte de cette situation. Cela m'avait fait de la peine, mais il avait tout juste 14 ans et je conçois parfaitement que cela le déstabilisait. Malgré tout, je l'ai toujours considéré comme mon fils. Je l'appelle affectueusement « le gros », parfois

« fiston » également. Aujourd'hui, il a 25 ans et il assume totalement le fait que sa maman soit homosexuelle. Il est content de me voir, il me fait des câlins, il dit qu'il m'aime, et il n'hésite pas à dire devant ses amis ou ses collègues de travail : « Je vous présente Marinette, ma belle-mère ». Son père n'a jamais été présent dans sa vie et lorsqu'il est en galère, il n'hésite pas à m'appeler. Dès qu'il en a besoin, il peut faire appel à moi. Ça n'a pas été toujours facile, mais j'ai trouvé ma place, nous avons trouvé respectivement nos places.

Ingrid a parfaitement su m'intégrer dans son environnement familial. Le jour où elle a décidé de franchir le pas, elle savait déjà comment elle allait appréhender la situation vis-à-vis de ses proches. Elle l'a annoncé à son frère au téléphone :

« Mickaël, j'ai rencontré quelqu'un il y a plusieurs mois maintenant…

– Super ! Il s'appelle comment ?

– Il ne s'appelle pas, elle s'appelle… »

Mickaël aura d'ailleurs une réflexion assez piquante au début de notre relation, lorsque nous avons emménagé en ensemble : « Elle ne restera jamais avec toi. Elle a la notoriété, elle ne sera pas fidèle ». Ça m'avait piqué. Au moment de rencontrer ses parents, j'étais très angoissée, stressée. Je me disais qu'il fallait que je sois parfaite, que je parle bien, que je me présente de la meilleure des manières. Dès le premier jour, Jacqueline et Thierry m'ont accueillie les bras ouverts. Comme si je faisais partie de leur famille.

L'amour des gens, de ceux qui te veulent du bien, c'est une énorme bouffée de réconfort. Le meilleur vaccin contre mes doutes, mes tourments. Ce fardeau, il est moins présent aujourd'hui, mais je me bats encore chaque jour pour éviter que le passé me rattrape. Au début, quand j'ai rencontré Ingrid, j'étais encore très impulsive, parfois très colérique. J'avais connu tant de violence. Ingrid m'a permis de me canaliser, de gérer mes émotions. Elle a fait de moi ce que je suis devenue aujourd'hui : quelqu'un de stable, posé, équilibré. Elle mérite une médaille. Ma femme est à l'opposé de ce que j'avais connu jusque-là. Chez nous, il n'y a jamais un mot plus haut que l'autre. C'est si agréable de vivre dans un environnement sans la moindre tension familiale. Voilà pourquoi elle est celle que j'aime et qu'il me faut. Voilà pourquoi j'ai voulu très vite qu'elle devienne ma femme. Deux mois après avoir échangé notre premier baiser, je lui ai acheté une bague pour la Saint-Valentin. Je voulais profiter de cette date symbolique pour la demander en mariage, même si ce n'était que symbolique car la loi n'était pas encore adoptée : « J'ai une question à te poser : est-ce que tu accepterais de devenir ma femme ? Veux-tu m'épouser ?

– … (*hésitation*)

– Je n'aurais pas dû ? Tu ne sais pas ?

– C'est un peu prématuré, non ? Tu ne trouves pas ?

– Moi, personnellement, je suis convaincue que tu es la femme de ma vie. Je veux vivre avec toi le restant de mes jours, je veux avoir des enfants avec toi.

– Écoute, j'accepte la bague, mais pour la demande en mariage, si tu veux bien, on va s'accorder un peu plus de temps.

– OK, on prendra le temps qu'il faudra. »

Quelques mois plus tard, Ingrid est arrivée avec un petit cadre qu'elle avait elle-même conçu : « La meilleure footballeuse française franchit le pas et épouse Ingrid ». Elle avait inversé les rôles pour me demander cette fois-ci en mariage. C'était beau ! On s'est pacsées dans un premier temps, puis on s'est mariées le 7 septembre 2013. J'ai pu alors adopter mon fils, né dix mois plus tôt. Gaël a débarqué dans nos vies le 7 novembre 2012. La plus belle chose qui me soit arrivée, le plus beau cadeau que l'on puisse imaginer. Cet enfant, c'est le fruit de notre amour, un aboutissement. Un combat qui valait le coup d'être mené.

Chapitre 8

Mon fils, ma bataille

J'ai toujours voulu des enfants. Mais il fallait trouver la bonne personne. Ma mère m'a énormément raisonnée. Au cours de ma précédente relation, elle m'avait dit : « Sois prudente, si tu décides de faire un enfant avec elle, c'est lui qui risque d'en souffrir, ton couple n'est pas stable ». Du coup, j'ai écouté la sagesse de ma mère et me suis promis d'attendre de rencontrer la femme de ma vie pour construire une famille. Comme tout le monde. Il n'y a pas de raison que les couples homosexuels ne puissent pas avoir d'enfants comme les hétéros. À partir du moment où mon histoire a commencé avec Ingrid, je voulais rapidement concrétiser mon amour pour elle en faisant un bébé. Mais ce n'était pas si simple. Ingrid avait déjà Maxim. Il avait 13 ans à l'époque et elle n'était pas très emballée à l'idée d'avoir un autre enfant. Mais au fil des mois, on se rendait compte que l'on était faites l'une pour l'autre. C'est devenu une évidence. On était en phase et on a alors décidé d'entamer les démarches pour trouver un centre hospitalier expérimental qui puisse nous accueillir, nous suivre, et nous accompagner dans ce projet. On s'est orientées vers la Belgique, et le CHR de la Citadelle, à Liège. La procréation médicalement assistée (PMA) sera sans doute bientôt autorisée en France. Enfin. J'en suis convaincue. En attendant, il a fallu nous exiler pour assouvir notre envie d'agrandir notre famille. Il y avait alors tout un calendrier à respecter. La première fois que nous nous rendons en Belgique, c'est pour rencontrer un psychologue afin de lui expliquer notre démarche. Un entretien très approfondi pour cerner nos personnalités, notre projet, notre mode de vie. Les questions étaient très précises :

« Si à tel âge, votre enfant vous demande pourquoi il n'a pas de papa, comment réagirez-vous ? Qu'est-ce que vous lui répondrez ?

– On lui expliquera simplement la situation, notre histoire d'amour…

– D'accord. Et à l'école, comment allez-vous faire vis-à-vis des autres parents ?

– On sera très claires aussi. On dira les choses. »

En fait, on s'est rendu compte qu'ils appréciaient que les couples qui veulent fonder une famille acceptent leur homosexualité et ne la cachent pas. Même si c'est parfois compliqué, même s'il y a parfois des jugements, quand un enfant est en âge de comprendre, il acceptera d'autant plus facilement la situation. Après, il reste toujours des blocages chez certains. Tu auras beau préparer au mieux le terrain, tu pourras toujours tomber sur des personnes qui ne comprennent pas, ou qui ne veulent même pas chercher à comprendre. Et là, malheureusement, tu ne peux pas préserver ton enfant de ces gens-là.

Passé le premier rendez-vous avec le psychologue, on a rencontré le médecin pour établir ce qu'ils appellent les « critères de ressemblance ». Les donneurs de sperme sont sélectionnés selon leurs caractéristiques physiques afin d'obtenir la ressemblance physique la plus proche possible avec les futurs parents. On combine des critères très précis : la peau, la couleur et la texture des cheveux, les yeux de chacun. L'objectif, c'est de faciliter l'intégration du futur enfant au sein de sa famille. C'est un processus très rigoureux et il a fallu attendre trois mois avant de savoir si notre requête serait acceptée. Trois mois d'inquiétude, de stress. Avec des questions qui revenaient en permanence : notre dossier va-t-il être accepté ? Allons-nous devoir trouver une autre solution ? Va-t-il falloir chercher un autre établissement ? Nous étions complètement dans l'inconnu. Chaque jour, nous regardions la boîte aux lettres avec beaucoup d'inquiétude et d'impatience. Puis, il y a eu le soulagement. La confirmation que nous allions pouvoir fonder une famille. Très vite, le premier protocole d'insémination artificielle a débuté.

J'ai essayé six fois. Sans résultat. J'aurais voulu porter un enfant, vivre une grossesse, mais cela n'a pas marché. Notre seul espoir reposait alors sur les épaules d'Ingrid. Là aussi, nous avons multiplié les tentatives. Les inséminations dans un premier temps, puis les fécondations *in vitro*. À chaque fois, on dépensait aux alentours de 2 500 euros pour une FIV. Cela a duré cinq ans. Sans plus de réussite. À Liège, le professeur Dubois nous propose alors une dernière solution : « Si vous aviez été Belges, je vous aurais envoyées faire des examens en France auprès du docteur Ledée qui mène une expérimentation en lien avec la Belgique. Essayez de la rencontrer. Elle pourra peut-être faire quelque chose pour vous ». La législation belge autorise en effet la PMA. Aussitôt rentrées en France, nous prenons néanmoins contact avec le docteur Nathalie Ledée à Paris. On lui raconte nos différents échecs depuis 2007. L'utérus d'Ingrid rejetait tout corps étranger : les spermatozoïdes et les embryons étaient systématiquement attaqués par des cellules tueuses. Le problème était là. Elle nous a proposé de réaliser une biopsie afin d'effectuer des examens encore plus poussés et de suivre un traitement : « Si vous faites tout ça et que vous respectez parfaitement ce protocole, vous tomberez enceinte ». Elle était sûre d'elle, convaincue que cela marcherait. Elle avait raison.

Six mois plus tard, le test était positif. Enfin. C'était le 8 mars 2012, journée internationale des droits de la femme. Il n'y a pas de hasard. Cela faisait cinq ans que l'on attendait ce moment. D'ailleurs, on s'était toujours dit que le jour où Ingrid tomberait enceinte, on ne dirait rien durant les trois premiers mois. Sauf que là, notre bonheur était tellement immense que l'on a appelé tout le monde pour l'annoncer. Nous étions convaincues que cette grossesse était la bonne. J'en pleurais.

J'étais aux petits soins pour Ingrid. Il fallait qu'elle soit dans les meilleures conditions pour cette grossesse. Au bout d'un mois et demi, une première visite de contrôle est prévue chez le gynécologue. Au moment de partir de la maison, Ingrid se rend aux toilettes et perd un gros caillot de sang, de la taille d'une orange. À cet instant, on n'a pas besoin de se parler. On pense immédiatement à une fausse couche. On éclate en sanglots, on est atterrées, assises par terre dans notre salle de bains à essayer de se réconforter comme on peut. Dans ma tête, c'était fini, je n'y croyais plus. J'appelle le professeur Dubois en Belgique pour lui faire part des événements. Il nous dit : « Allez quand même au rendez-vous prévu. Allez vérifier et tenez-moi au courant ». On se rend dans un centre de radiologie à Draveil, en région parisienne, vraiment sans aucun espoir. Ingrid s'allonge sur la table d'examen, le docteur pose la sonde sur son ventre, allume l'écran et tout d'un coup on entend le son d'un cœur qui bat ! On se regarde, stupéfaites : notre bébé s'était accroché, il était là, bien vivant. Sur l'échographie, on voyait un gros haricot. L'embryon se portait bien. On n'en revenait pas. Je n'ai jamais vécu un tel ascenseur émotionnel. On pleurait de bonheur toutes les deux. Il s'est avéré qu'Ingrid avait fait un hématome intra-utérin qui avait causé cette grosse perte de sang. En sortant de l'échographie, le médecin nous dit de faire très attention, de prendre toutes les précautions nécessaires pour que la grossesse se passe sans problème. Sur le chemin du retour de l'hôpital, je roulais à vingt à l'heure, je prenais les dos-d'âne au ralenti pour que le bébé ressente le moins possible les secousses. Je n'ai jamais été aussi prudente sur la route. À partir de ce jour-là, on a pris toute la dimension de l'aventure. Les mois qui ont suivi n'ont pas été simples pour Ingrid. Elle devait rester alitée pour préserver la santé du bébé, éviter un maximum les trajets en voiture, et devait aussi faire attention à tout ce qu'elle mangeait en raison d'un diabète de grossesse. La totale. Cette période, je l'ai vécue avec beaucoup d'angoisse. Il y avait des moments où je devais m'absenter et laisser Ingrid seule toute la journée. J'appréhendais chacun de mes départs. Je voulais qu'elle n'ait pas le moindre effort à faire. Cet épisode m'a tellement stressée que je craignais le pire dès que je voyais une tache de sang. Un jour, j'en ai remarqué plusieurs. Il a fallu partir aux urgences. Le SAMU arrive à la maison pour transporter Ingrid et là je me rends compte que l'une des deux personnes n'arrivait pas à sortir deux mots. Je lui dis : « Attendez, là, vous n'allez pas emmener ma femme dans cet état-là ! Vous avez l'air d'avoir bu ». Son collègue arrive et me répond : « Non, rassurez-vous, il est juste bègue, aucun souci ». On éclate de rire avec Ingrid. Je ne savais pas où me mettre, j'avais honte. Je me suis excusée au moins vingt fois et il me dit alors en bégayant que lorsqu'il est nerveux, cela s'accentue. Bref, direction l'hôpital. Je devais suivre l'ambulance sur le trajet. Sauf qu'ils roulaient comme des dingues ! Nous roulions à 180 km/h et Ingrid faisait des bonds sur le brancard. Je me disais qu'on allait perdre le bébé. Arrivée sur place, elle fait immédiatement des examens. Heureusement, tout allait bien, mais il s'agissait quand même de la deuxième grosse frayeur en l'espace de quatre mois.

Ensuite, toute la fin de la grossesse se passe bien. Le suivi est parfaitement assuré par le docteur Ledée et le 6 novembre 2012, Ingrid rentre au centre hospitalier sud-francilien d'Évry. Une maternité de niveau 3 susceptible de prendre en charge le nouveau-né et la maman en cas de complication. Une césarienne est planifiée, mais lorsqu'on arrive c'est le no man's land ! Il n'y avait personne dans l'aile de la maternité. On se présente au bureau des permanences, personne non plus ! Les couloirs étaient déserts. J'avais une caméra, je filmais, et je dis à Ingrid : « Ils sont en train de te préparer une fête surprise pour ton anniversaire ». Elle est née un 6 novembre, mais nous souhaitions que Gaël ait sa date d'anniversaire à lui ! On en rigolait et au bout de 20 minutes, quelqu'un arrive enfin pour l'emmener en chambre. Drôle de sensation au moment de poser la valise. Cette valise, on l'avait préparée depuis le septième mois. À partir de 37 semaines, le bébé était susceptible d'arriver à tout moment. J'avais aussi préparé une pochette bleue avec tous les examens et les échographies. La première échographie de Gaël est d'ailleurs restée sur ma table de chevet pendant toute la grossesse. Je l'embrassais tous les soirs avant de m'endormir.

La césarienne était prévue pour le lendemain matin à 9 h 30. J'étais sur place dès 8 heures. Ingrid devait prendre une douche à la bétadine avant l'opération. Il était l'heure de partir au bloc. On s'embrassa, je la laissai. Allait alors commencer une interminable attente. Des minutes qui paraissaient des heures. Je tournais en rond dans une petite salle. Dès que j'entendais un bébé pleurer, je disais : « C'est mon fils, là, non ? » Je téléphonais à ma mère pendant une quarantaine de minutes. J'étais tellement inquiète. J'avais peur pour mon fils, j'avais peur pour ma femme. J'étais submergée par l'angoisse de perdre l'un ou l'autre, voire les deux. Je n'avais jamais ressenti ça auparavant. 9 h 26, c'était la délivrance. J'entendis un cri et là je fus convaincue que c'était lui. Je ne m'étais pas trompée. Quelques instants plus tard, je vis une sage-femme avec mon fils dans les bras : « Madame Pichon, voilà votre petite merveille ». Un petit bout de chou de 2,830 kg et 48,5 cm, prénommé Gaël. En salle de réveil, je l'eus contre moi et j'eus la chance de partager les premiers instants de sa vie. Peau contre peau, premier biberon, premiers soins. Des images qui resteront gravées à jamais. Gaël était emmitouflé dans un petit pyjama orange des *101 Dalmatiens* spécialement choisi pour le jour de sa naissance. À peine né et déjà je l'aimais plus que tout. J'avais tellement rêvé de ce moment. Je profitais de Gaël mais je n'étais pas totalement sereine. Je n'avais pas encore de nouvelles d'Ingrid : était-elle réveillée ? Est-ce que tout allait bien ? La césarienne s'était-elle bien passée ? Je voulais que l'on soit réunis tous les trois. Au bout de deux heures, elle put remonter en chambre. Quand je l'ai vue arriver, j'étais soulagée mais elle était livide. Elle avait subi une anesthésie générale très courte de façon à ce que le bébé ne soit pas exposé aux produits anesthésiants. Elle n'était vraiment pas bien. Elle embrassa son fils pour la première fois dans l'ascenseur. Nous étions enfin ensemble. J'avais ma femme, mon fils. Nous étions une famille. Le plus beau jour de ma vie.

Dès ce 7 novembre 2012, Gaël est devenu le centre de notre vie. 24 heures sur 24. Les premiers jours, il ne dormait quasiment pas la nuit. Il ne trouvait le sommeil que sur le ventre. Impossible de le poser dans son berceau. Alors avec Ingrid, on se relayait pour le prendre sur nous. On mettait même le réveil parfois à 4 heures du matin pour prendre le relais l'une de l'autre. Ça a duré un mois et demi, nous étions exténuées. Ma belle-mère est venue nous épauler à la maison. Son aide a été précieuse. Pour ma mère, la naissance de Gaël avait provoqué un déclic, même s'il y a avait eu quelques incompréhensions entre nous lorsqu'Ingrid était tombée enceinte. Pendant la grossesse, elle me disait souvent : « Ingrid, ce n'est pas toi, c'est pas la même chose, ça ne sera pas vraiment ton fils, il n'aura pas ton sang ». Cela a été le sujet de plusieurs discussions entre nous. Un jour, au téléphone, je lui ai dit sèchement : « Écoute, maman, c'est mon fils, alors soit tu l'acceptes, soit on arrête de discuter si tu ne veux pas comprendre. Je fais ma vie, tu fais la tienne, basta. Je ne vais pas te demander d'aimer mon fils si tu n'en as pas envie. Cet enfant, je l'ai fait avec celle que j'aime.

Il portera mon nom, je l'adopterai, ce sera mon fils ! Alors arrête de me parler de ces histoires de liens du sang ». Heureusement, sa réflexion a évolué au fil des mois et elle put se remettre en question. Elle demandait très régulièrement des nouvelles du bébé, de ma femme pendant la grossesse et dès la naissance de Gaël, elle est venue à la maternité, nous avons fêté l'arrivée du bébé avec du champagne et des gâteaux. Lorsqu'elle l'a pris pour la première fois dans ses bras, elle s'est mise à pleurer. Elle était même tellement attachée à son petit-fils qu'elle s'est fait tatouer son visage sur le bras. Elle l'a aujourd'hui dans la peau, elle aime en rire ! Finalement, autour de nous, le fait d'avoir un enfant ensemble a été très bien accepté. On a la chance d'avoir rencontré dans nos parcours de vie des gens géniaux qui nous aiment pour ce qu'on représente, pour ce qu'on est en tant qu'individus, en tant que couple, en tant que famille.

Aujourd'hui, Gaël a cinq ans et on se pose toujours des centaines de questions : comment perçoit-il les choses ? Comment appréhende-t-il tout ça ?

Comment se comporte-t-il à l'école ? Finalement, on se rend compte qu'il vit très bien la situation. Nous sommes totalement transparentes sur le sujet. Nous sommes deux parents, deux femmes vivant ensemble avec deux enfants. On est très claires. L'an dernier, je tenais un stand de tir à la kermesse de son école. Les gamins venaient tous me voir pour taper dans le ballon. Ils étaient contents de pouvoir jouer avec la championne de foot. Gaël était fier de dire que j'étais sa maman. Ce jour-là, j'ai entendu une de ses petites copines de classe lui dire :

« Mais toi, tu n'as pas un papa et une maman ?

– Non, je n'ai pas de papa. Moi, j'ai une maman et une Mamoune. »

C'était la preuve qu'il avait bien assimilé tout ce qu'on lui avait dit. Nous l'avons interrogé : « Ça va ? On ne t'embête pas à l'école ? » Il nous a répondu que tout allait bien. Là, on se dit que l'on avait réussi quelque chose. Du moins qu'il avait été réceptif à tout ce que l'on avait pu lui expliquer. Il y a toujours malgré tout de l'appréhension vis-à-vis de l'environnement extérieur. J'aimerais être là tout le temps pour pouvoir le protéger d'éventuelles réflexions, mais je ne peux pas, et c'est comme ça aussi qu'il va construire sa personnalité. Évidemment, on ne lui martèle pas que son équilibre et sa vie c'est d'évoluer dans un univers homosexuel. Le message, c'est de voir qu'il y a des multitudes de schémas de vie : il y a des couples divorcés, il y a des parents isolés, il y a des familles recomposées, d'autres qui fonctionnent dans un schéma classique... Si les gens ne trouvent pas le bonheur dans une voie, ils vont le trouver dans une autre. L'ouverture d'esprit, la tolérance, le respect, ce sont les valeurs que l'on veut inculquer à nos enfants. Parce que c'est dans cette direction que l'on doit avancer. Dans la diversité.

Il y aura toujours des regards intrigués mais je n'y fais pas attention. Je trace ma route, et si ça pose problème, je m'arrête et je dis : il y a un souci ? Je suis comme ça, je ne supporte pas de me laisser emmerder par quelqu'un. Je ne sais pas faire semblant.

Avec le recul, je réalise davantage aujourd'hui le parcours du combattant que nous avons dû mener pour fonder une famille. Dès que nous avons entamé les démarches, il a fallu tout mettre en œuvre pour que le projet aboutisse. Financièrement, on a fait beaucoup de sacrifices. En additionnant tous nos frais de transport, d'hébergement, d'hospitalisation, nous avons dépensé au moins 20 000 euros pour aller au bout de notre rêve. C'est une triste réalité mais sans ressources suffisantes, nous n'aurions pu avoir notre Titou. Il a fallu aussi expliquer notre projet à notre employeur. Pas évident de lui annoncer qu'il va falloir s'absenter fréquemment pour nous rendre en Belgique pour faire un bébé avec la femme que l'on aime. Nous avons eu la chance de tomber sur un homme très compréhensif : Dominique Lebreton, l'ancien directeur des sports du conseil départemental de l'Essonne. Tout de suite, il m'a dit : « Aucun problème. Soyez rassurée. Ne vous prenez pas la tête. Foncez. Vivez. Je ne vous embêterai jamais pour ce genre de choses ». J'ai trouvé ça tellement classe de sa part. Il nous a toujours soutenues. Il nous a toujours réconfortées quand ça allait moins bien, lorsque les échecs s'accumulaient. On a connu des mois de galère à faire de nombreux allers-retours entre Liège et Paris. Pour rien. À chaque fois, on partait pleines d'enthousiasme. On revenait en priant que la tentative soit la bonne. Puis pendant 15 jours, on attendait qu'une chose : le fameux test de grossesse. Et là, à chaque résultat négatif, on prenait une grande claque. On pleurait mais il fallait repartir, réessayer, persévérer. Cela a été notre quotidien pendant cinq ans. Cinq années entre espoir et désespoir. Au cours d'un des derniers trajets vers la Belgique, je me revois en voiture dire à Ingrid :

« Je ne suis plus sûre de rien, je ne sais plus où on va. J'en ai marre de tout ça. J'ai peur de ne pas avoir d'enfant.

– Attends, tu ne vas pas me faire ça ! Toi tu n'as pas le droit de penser ça. Il faut que tu y croies, parce que si tu n'y crois pas, on n'y arrivera pas ».

La dernière fois que nous nous sommes rendues à Liège, en février 2012, on y allait en se disant que c'était la dernière chance. Il s'agissait de la quatrième FIV. On devait y rester trois jours sur place, en profitant de chaque instant. Après la réimplantation de l'embryon, on décida de prendre immédiatement la route pour rentrer à la maison. À peine rentrées, notre chienne Euskadi et notre chatte Lili vinrent se coller à Ingrid. Pendant les jours qui suivent, cela continuait et cela m'intriguait. En revenant au boulot, j'avais confié à Laëtitia Tonazzi, l'une de mes amies et collègue : « Toto, là, je suis sûre que ça a marché. Je ne sais pas pourquoi mais j'ai l'impression que les animaux sentent quelque chose ! » Les tests et la prise de sang confirmèrent cette intuition. Ils savaient avant nous. Euskadi et Lili ont passé toute la durée de la grossesse couchées près du ventre d'Ingrid. Comme si elles voulaient couver et protéger notre bébé. Le destin avait décidé de basculer du bon côté. Le triomphe de la persévérance et de l'amour.

Lorsqu'Ingrid tomba enceinte, j'ai aussitôt remercié Dominique Lebreton. Sans sa bienveillance, nous n'en serions certainement pas là aujourd'hui. À quelques semaines de l'accouchement, je sollicitais le président du conseil départemental pour lui demander un congé paternité. Je devenais alors la deuxième femme en France à bénéficier de cette mesure adoptée en octobre 2012. Grâce à ce décret, il est désormais inscrit dans le Code du travail que la partenaire de la mère biologique de l'enfant peut bénéficier – à l'appréciation de l'employeur – d'un congé de paternité et d'accueil de l'enfant. Pendant onze jours, j'ai pu savourer chaque instant avec notre bébé : les premiers sourires, les biberons, les couches, les réveils au milieu de la nuit aussi. Des moments privilégiés. Une vraie reconnaissance à mes yeux. Une curiosité, une anomalie pour d'autres. Les médias se sont vite emparés du sujet. Je suis même invitée par Michel Denisot au Grand Journal de Canal +. J'y suis allée pour en parler très librement. Il faut libérer la parole sur ce genre de thème. Il ne doit pas y avoir de tabou. Le Journal de 20 heures de France 2 est venu aussi me filmer dans ce nouveau quotidien. Cela m'a permis de dire ce que je ressentais, pourquoi je le faisais, et de surtout de faire passer un message. Dès que tu as ton enfant dans les bras, tu oublies les cinq années de route, de doutes, de fatigue. J'avais envie de partager mon bonheur avec tout le monde. J'avais eu droit aussi à une magnifique double page dans *L'Équipe*, signée Yohann Hautbois. Je reçus une centaine de messages de félicitations. Les gens étaient sensibles à notre histoire et j'étais devenue sans le vouloir une porte-parole, une ambassadrice des droits des femmes homosexuelles. Parce que j'ai décidé de dire et d'affirmer que j'aimais les femmes, du moins une femme, ma femme, que j'avais un enfant, que j'avais le droit de fonder une famille. Comme tout à chacun. Cela a peut-être permis de libérer la parole chez certaines personnes. Je l'espère car on n'a qu'une vie. Il faut être heureux, aller au bout de ses idées, de ses envies. Je suis passée par des moments très difficiles dans ma vie. J'ai connu des périodes compliquées, douloureuses, mais aujourd'hui je suis contente d'être devenue la femme que je suis aujourd'hui. Je suis épanouie, comblée. On m'aime pour ce que je suis. Sans filtre. Sans faux-semblant.

J'ai envie que la cause avance. J'ai envie que toutes les personnes qui s'aiment puissent vivre leur bonheur. Sans exception. J'aimerais que les gens assument. Pourquoi se cacher ? Ma famille est atypique, et alors ? Je le revendique. Chez nous, ce n'est pas effectivement Monsieur et Madame. C'est Madame et Madame. Et Madame et Madame ont deux enfants qu'elles chérissent plus que tout. Maxim est né avant que je débarque dans la vie d'Ingrid mais je l'aime comme si c'était mon fils. Je me rends compte que j'ai énormément d'amour à donner. D'ailleurs, selon moi, l'amour est le remède à tout. C'est ce qui rend plus fort. C'est ce qui permet d'être en harmonie et en phase avec soi-même. Je donnerais ma vie pour ma famille. C'est mon équilibre. Mon fils qui saute sur le lit tous les matins à 7 heures, même le week-end, en criant « Mamoune ! », c'est un booster énorme pour démarrer la journée. Je me nourris de ces moments-là. Gaël est un petit garçon plein d'énergie. Il a le sourire en permanence. Il est notre moteur. Le voir aussi épanoui nous conforte dans l'idée que nous remplissons notre rôle de parents. Et arrêtons les clichés qui veulent nous faire croire que notre enfant deviendra homosexuel parce qu'il a été élevé par un couple de femmes. Je ne lui souhaite pas d'ailleurs car je suis consciente que les mentalités mettent beaucoup de temps à évoluer. Mais quoi qu'il arrive, on l'acceptera. Tolérance, c'est le maître-mot. Parfois, des personnes m'abordent et me demandent comment je fais pour assumer ma vie de cette façon. J'ai traversé tellement d'épreuves qu'aujourd'hui aucune parole ne peut m'atteindre. Je n'ai plus envie de subir, de souffrir. Je ne veux plus connaître ça. Alors, je vis comme je le décide. En profitant de chaque instant. L'an dernier, on a détecté chez moi une masse anormale au niveau du sein. J'ai tout de suite pensé au cancer. Après une palpation chez mon médecin, il a fallu que j'aille rapidement passer des examens. J'ai pris peur. Je me suis dit : non, mais moi je ne veux pas mourir, je veux voir grandir mon fils, je veux vieillir aux côtés de ma femme. En attendant les résultats de la mammographie, j'imaginais les pires scénarios possible. Finalement, énorme soulagement. Rien de sérieux ne fut décelé. Une raison de plus de se recentrer sur l'essentiel. Je suis prête. Plus armée que jamais pour croquer la vie à pleines dents, entourée de tous ceux que j'aime.

Chapitre 9

La vie est belle

J'ai parfois encore du mal à réaliser, à me rendre compte de la trace que j'ai laissée. Jamais je n'aurais pensé recevoir un jour l'ordre national du Mérite. Cette distinction revient à ceux qui ont rendu service à la Nation. Mes 81 buts sous le maillot de l'équipe de France ont certainement pesé quand me fut attribuée cette médaille en 2007, quelques mois après avoir pris ma retraite de sportive de haut niveau. Je ne pensais pas avoir fait autant pour mon pays. Cette distinction était d'autant plus forte que je ne partais de rien. En regardant en arrière, je mesure aujourd'hui tout le chemin parcouru. J'ai réussi à surmonter les épreuves, à chasser les doutes, à gommer les zones d'ombre et les points noirs de ma personnalité. Aujourd'hui, je suis heureuse. Je suis une femme accomplie. Je suis mariée, j'ai deux enfants, j'ai une situation professionnelle. Grâce à mon métier de consultante, j'ai la chance de vivre encore de ma passion. C'est un immense privilège de commenter plusieurs finales de Ligue des Champions, de vivre de l'intérieur des Jeux olympiques. Il y eut Londres en 2012, puis Rio en 2016. Des expériences uniques et tellement enrichissantes.

Quand France Télévisions m'a sollicitée pour la première fois, j'avais pourtant énormément d'appréhension. C'était un saut dans l'inconnu. À l'été 2011, un ami me proposa de l'accompagner avec son club de rugby pour assister à l'enregistrement de l'émission Stade 2. J'étais assise dans le public et à la fin je fus amenée à rencontrer les journalistes de la rédaction des sports de France TV. Ils me demandèrent ce que je devenais depuis la fin de ma carrière. Cette rencontre allait changer le cours de ma vie. Le destin. Quelques semaines plus tard, je fus sollicitée pour devenir consultante. Je ne savais pas alors si j'aurais la capacité d'être au niveau exigé. On me demandait d'être la plus-value, la voix du football féminin à l'antenne. Octobre 2011, pour mon premier match derrière un micro, direction le Stade Gerland pour le derby Lyon-Saint-Étienne, le premier match de D1 féminine retransmis par France 4. L'OL s'impose facilement 7-0, mais j'étais timide, timorée. Je n'étais pas satisfaite. Alors, j'ai bossé deux fois plus pour préparer mes matchs. On m'appelait « la bûcheuse » ! Une personne a été tout particulièrement utile dans ma progression : Bixente Lizarazu. Il est pour moi une référence au poste de consultant. Alors, j'ai décidé de lui laisser un message pour lui demander quelques conseils. Quelques jours plus tard, alors que j'étais en train d'animer un plateau à Massy, il m'appelle. On est restés plus d'une heure au téléphone à échanger sur le sujet. Il m'a expliqué plein de petites choses pour que je m'améliore. J'ai trouvé ça très classe de sa part. Lorsqu'on s'est recroisés, il m'a fait un petit clin d'œil qui voulait dire : « Je t'ai écoutée, tu te débrouilles bien ». Grâce à France Télévisions, j'ai gagné en visibilité et Europe 1 m'a sollicitée pour la Coupe du monde 2014. Puis ce fut Radio France pour l'Euro 2016. J'ai acquis une vraie légitimité et j'étais même flattée que l'on fasse appel à moi pour commenter les matchs des Bleues.

Douze ans que j'ai arrêté ma carrière, et je suis étonnée de continuer à inspirer autant de jeunes footballeuses. J'ai été une pionnière et j'ai conscience que mon parcours n'a laissé personne insensible. Le football m'a ouvert des perspectives que je n'avais pas imaginées. On dit souvent que la chance se provoque. J'ai tendance à le croire. Ne jamais rien lâcher, travailler, persévérer : c'est ce qui me caractérise. Dans tout ce que j'entreprends, je veux me donner les moyens de réussir, de bien faire. Par conviction, mais pas seulement. J'ai toujours en moi cette peur de décevoir les gens. Alors, il faut que je m'investisse un maximum dans tout ce que je fais. J'ai tellement morflé dans ma vie que ce manque de confiance rejaillit encore aujourd'hui, à 42 ans. Même si tout va bien, je me remets en question en permanence. Je ne peux pas effacer des années de souffrance, des paroles blessantes, des attitudes traumatisantes. Ce sont des cicatrices intérieures. Je vis avec. Au fond, je ne m'estime peut-être pas assez pour me dire que j'ai mérité tout ce qui m'arrive. Quoi qu'il en soit, je vais toujours m'investir à 200 %. Sans faire semblant. Et avec détermination. C'est la clé de la réussite à mes yeux.

Pour obtenir mon diplôme de manager au Centre de droit et d'économie du sport de Limoges, j'ai bataillé, j'ai bossé comme une dingue. Deux ans en arrière, je me demandais comment j'allais y arriver sans n'avoir jamais rien fait à l'école. Au final, à force d'abnégation, j'ai réussi à rédiger quatre mémoires et un dossier de soutenance. Ça m'a coûté beaucoup d'énergie, mais ce fut une vraie victoire pour moi. Je l'ai pris comme un challenge à relever. J'étais en mode compétition pour aller chercher ce diplôme. J'ai repris les études à 40 ans en étant angoissée à l'idée de ne pas répondre aux attentes. J'avais la pression. Cette formation est réservée aux anciens sportifs de haut niveau. Zinedine Zidane, Laurent Blanc, Alain Boghossian ou encore Emmanuel Petit sont passés par le Centre. Dans ma promotion, j'ai eu la chance de côtoyer notamment un ancien gardien de but international (Mickaël Landreau), un ancien défenseur de Manchester United (Mikaël Silvestre), une ancienne volleyeuse (Victoria Ravva), un ancien cycliste (Jérôme Pineau), un ancien basketteur (Frédéric Weis) et mes autres amis de la

Promo 9. Que des champions qui veulent bonifier leur parcours et mettre à profit leur expérience. J'ai appris énormément durant ces deux années. J'ai pris de l'assurance aussi. J'ai vu que j'étais capable de me mettre au niveau alors que je n'avais même pas le brevet. Au cours des 14 sessions, j'ai su trouver ma place. J'ai beaucoup échangé avec les responsables du cursus, Jean-Pierre Karaquillo et Gérard Coudert. Ils m'ont accompagnée, confortée dans l'idée que j'avais toutes les cartes en main pour aller chercher ce diplôme. Apprendre, analyser, rédiger, expliquer... Tout ce que je ne voulais pas faire à l'école lorsque j'étais plus jeune, je prenais plaisir à le faire 42 ans. Je m'en suis voulu d'avoir arrêté les études si tôt. J'avais d'énormes lacunes. À une certaine époque, j'étais tellement nulle en orthographe que j'avais peur de rédiger des cartes postales. Je me dis quelque part que j'ai rattrapé mon retard. C'est bien plus qu'un diplôme pour moi. C'est une forme de revanche sur moi-même. Je me suis surprise. Je me suis sentie métamorphosée. L'impression de s'enrichir intellectuellement, professionnellement, et humainement aussi. Durant cette aventure, tout le monde s'est soutenu. Nous étions une équipe. Et j'ai adoré les valeurs véhiculées par nos formateurs. Humilité, loyauté, partage.

Je ne pourrais évidemment pas retranscrire tout ce que j'ai appris mais l'idée c'est de transmettre désormais. Aujourd'hui, j'ai la légitimité pour piloter et diriger une section féminine dans un club où l'on va me faire confiance, où l'on va me laisser définir un projet et où l'on me donnera les moyens de réussir. Voilà ce que j'attends concrètement. Un club qui me permette d'être ambitieuse, de grandir, de franchir des paliers. Si le challenge me plaît, banco. J'ai beaucoup à donner. J'ai vécu une expérience inaboutie en tant que directrice générale du Football club féminin Juvisy Essonne. On m'avait dit : « On te fera entièrement confiance, tu auras les coudées franches pour agir, tu auras les clés ». Sauf que ça ne s'est pas passé comme prévu. Je n'avais que partiellement les informations, au compte-gouttes. Compliqué d'avancer dans un tel climat. Donc j'ai dit stop.

Je suis exigeante avec les autres, mais je suis surtout extrêmement exigeante avec moi-même. Chaque fois que je pénétrais sur un terrain, j'étais toujours au maximum de ce que je pouvais faire. Je ne me suis jamais cachée. Pour moi, il n'y a pas de place pour l'approximation. Les personnes qui réussissent sont celles qui travaillent, qui tentent, qui persévèrent. Je veux et je m'oblige à être comme ça. La vie m'a endurcie. J'ai rencontré beaucoup d'obstacles, mais j'ai continué à avancer. Aujourd'hui, je m'accepte comme je suis. Et les gens m'acceptent comme tel. J'ai les pieds sur terre. Je sais d'où je viens, je sais ce que j'ai enduré, je sais ce que j'ai traversé.

Le football m'a tout donné. Et j'ai tout donné au football. Il m'a procuré tellement d'émotions. Voilà pourquoi je reste une amoureuse de sport. Je suis capable de me passionner pour une partie de fléchettes, de pétanque, de curling… Je regarde tout. J'aime le sport pour toutes les valeurs qu'il véhicule, pour les héros qu'il fabrique. J'admire Teddy Riner, son palmarès, sa longévité, sa soif de victoires. C'est un monstre, une légende.

Sans le football, je n'en serais pas là aujourd'hui. Je ne serais pas la femme que je suis devenue. Je ne serais pas celle qui est capable de se battre pour les causes qu'elle défend. Grâce au sport, je me suis forgé une identité, une personnalité. Il m'a permis de sortir de la galère, d'aller au bout de moi-même, de repousser mes limites, de viser toujours plus haut, de voir toujours plus loin. Le sport m'a appris à être honnête, à être sincère, à avoir le même visage que sur un terrain, sans faux-semblants. Sur le rectangle vert, tu ne peux pas tricher, tu ne peux pas mentir.

Dans la vie, au quotidien, je suis comme ça. Déterminée, acharnée, persévérante, capable de pousser mon corps à l'extrême. Avec ma femme, on a dit qu'on agrandirait notre famille. Que cette famille soit heureuse. On l'a fait. On a eu Gaël. Même s'il a fallu emprunter des chemins semés d'embûches, même si on a pris des claques dans la figure, même s'il y a eu des soirs compliqués, même si on a pleuré, nous sommes fières de nous être donné les moyens d'aller au bout et d'y être arrivées. Parce qu'on n'a jamais lâché. C'est l'histoire de ma vie. Du combat, de l'abnégation, des remises en question, des frayeurs, des larmes. J'ai grandi dans la peur avant que le football m'offre une bouffée d'oxygène. J'aurais pu lâcher prise, mais je me suis toujours accrochée. Je peux le dire aujourd'hui sans détour : le ballon m'a sauvée.

Remerciements

Merci à mes amours Maxim, Gaël et Ingrid pour le soutien et le bonheur quotidien.

Merci à ma mère et ma sœur, je vous aime.

Merci à ma belle-famille, Jacqueline, mon joli papa qui est parti bien trop tôt, à Nico mon beau-frère avec qui je partage ma passion du sport et un souvenir d'une finale de Coupe de France mémorable, à Karine pour sa joie de vivre ! Sans oublier Perrine, Seb et Nat.

Merci à toi Fabien qui a su retranscrire ma vie de fort belle manière.

Merci à Brigitte pour cette préface touchante et pleine d'authenticité.

Merci aux éditions First sans qui ce livre n'aurait pas vu le jour et d'avoir cru en moi. À Damien pour ta patience, ton accompagnement et ton professionnalisme, ainsi qu'à Laurent et Caroline.

Merci à France Télévisions pour leur confiance depuis 2011, grâce à qui j'ai vécu des aventures humaines et sportives fabuleuses, à tous les amis rencontrés durant ces années, à tous mes amis consultants, à Bixente pour tes conseils, Mignon, Claudio la méchouille, Alain, Alex, Céline, Thierry, Patrick, Sven, Kader, Romain, Fanny, Chacha, Sandra, Mahm, Christine, mon copain Pierre, Sophie, Deborah, Claire, Véro, Tristan, Bruno, Olivier, François, sans oublier les amis de l'ombre qui œuvrent à la réussite de ces événements et tous ceux que j'aurais omis de mentionner.

Merci à Micka et Franck de m'avoir choisie comme ambassadrice de la marque Kipsta ; merci à Zohra et Fred ainsi que tous les autres collaborateurs avec qui nous poursuivons cette belle aventure.

Merci au conseil départemental de l'Essonne depuis 2004 à ce jour avec une mention spéciale à toi Sophie pour ta confiance !

Merci à Quarterback, Point P et Saint-Gobain avec qui je vis encore aujourd'hui, lors de la Coupe de France des Écoles supérieures de commerce (ESC), de très belles rencontres !

Merci aux amis du Centre de droit et d'économie du sport de Limoges (CDES) et particulièrement à Jean-Pierre et Gérard.

Merci à la promo 9, devenue une nouvelle famille, pour nos échanges, nos éclats de rire et j'arrêterai là, comme dirait Jéjé « ce qui se passe dans la promo 9 reste dans la promo 9 ».

Merci à la Fédération française de football, aux sélectionneurs et à mes coéquipières pour ces années sous le maillot tricolore.

Merci à mes clubs, Amicale sportive et scolaire briennoise, Saint-Memmie Olympique, Philadelphia Charge, New Jersey Wildcats et FCF Juvisy.

Merci à Didier qui m'a permis de réaliser mon rêve, lancer la Football Académie by Marinette Pichon.

Enfin, merci à tous mes amis qui m'aiment juste pour celle que je suis, pour ces moments qui n'appartiennent qu'à nous et qui resteront dans nos mémoires, mon P'tit Loup, Jean-Pierre, mes poteaux Manou et Hervé, my friends Anne et Juju, Cris, Toto et Linda, Laure et Baya, Mary et Milone, Cathy et Alexis, Carole et Olivier, Nanou et Claude, Ghislain et Sophie, Hakim, Karlito et Patou, Virg et Greg, Lahcen et Nadia, Sandrine, Véro, Babette et Philippe, Rachel et Bernard… et je m'excuse par avance auprès de ceux que j'ai oublié de citer !

Les rencontres sont comme le vent. Certaines vous effleurent juste la peau, d'autres vous renversent.

Table des matières